ドクター古藤《コトー》の家庭菜園診療所

古藤俊二
Koto Syunji

病気・害虫退治から
作物・土の元気回復まで
……
よろず相談
受け付けます

農文協

ようこそ

ドクター・古藤《コトー》の家庭菜園 診療所へ

（福岡県 JA 糸島アグリ 園芸相談室）

福岡県北西部、玄界灘に面した位置にある JA 糸島営農総合　園芸・資材センター（通称アグリ）園芸相談室の、ドクター・コトーこと古藤俊二です。

どんなことでも、どうぞ気軽にご相談ください。

相談室には、 現物を持ち込んでくる人、携帯電話で撮った写真を見せて相談しようとする人など、問い合わせが絶えません。

【左上から時計回り】ネギのべと病、キュウリ葉のウリハムシの食害、土壌センチュウの被害を受けたゴボウ、ハクサイ縁腐れ、キャベツ芯腐れ、ダイコンサルハムシの食害

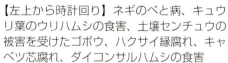

魔法の黄色いバケツ、ネキリムシにはストローガード、ナメクジ捕獲器、カメちゃんパワーでモグラばいばい

魔法の黄色いバケツを、菜園10㎡に1個配置するだけ

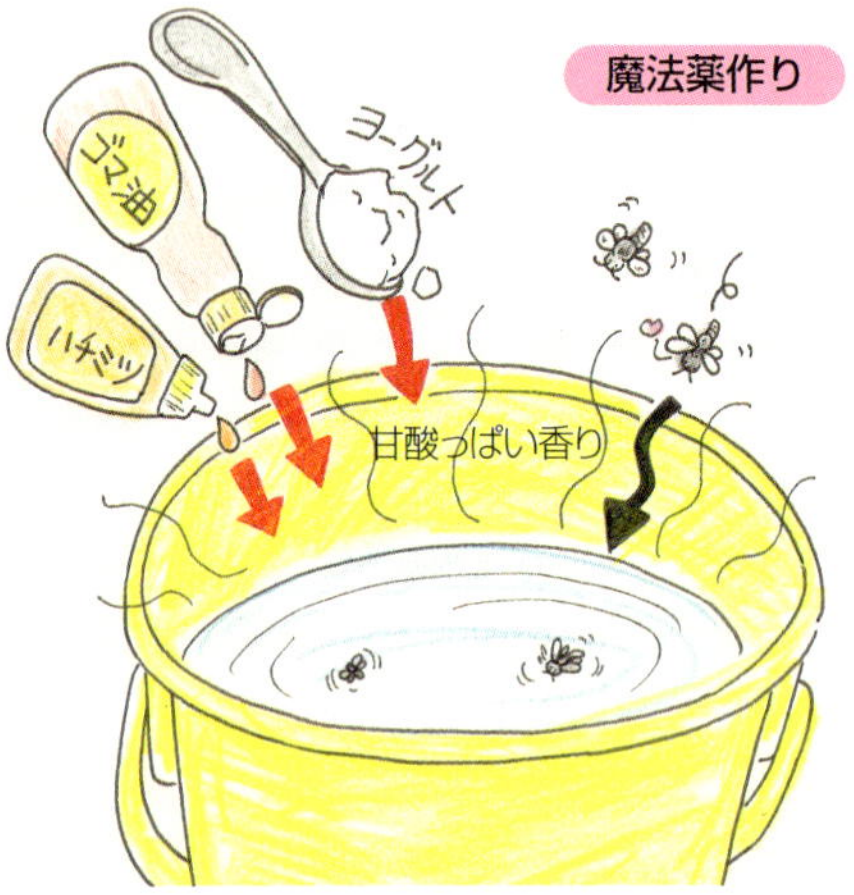

アブラムシ、アザミウマよけに

魔法の黄色いバケツ

害虫を一網打尽！　大人気の「魔法の黄色いバケツ」。バケツは、黄色じゃないとだめなんです。
⇒ 16 ページ参照

<バケツに入れる液の材料>
容器　黄色いバケツ（6 ℓ）
魔法薬材料
　水　約3 ℓ
　市販ヨーグルト　大さじ1杯
　ゴマ油　1〜2滴
　ハチミツ　1〜2滴

使い終えたストローを縦に割いて、苗の根元にはめて植える
ハーブのローズマリーを挟み込むと効果が高まる

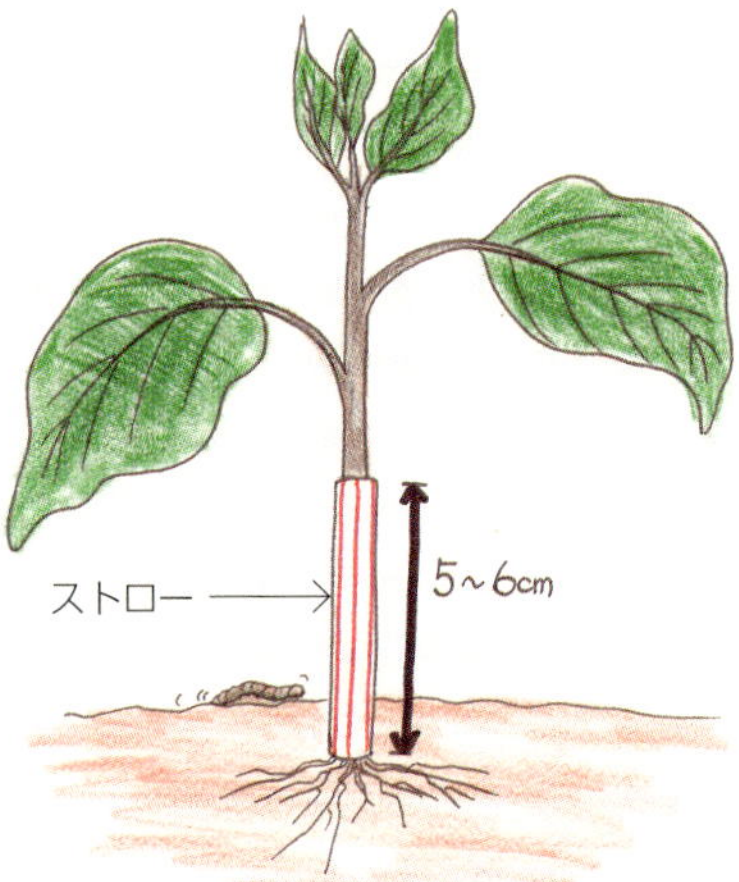

ネキリムシには

株元のストローガード

一晩で苗が消えてしまった……こんなときはネキリムシがあやしい。
⇒ 19 ページ参照

あたりをさがすと、土の中にこんな幼虫
（木村裕原図）

ドクター・コトーお薦め

害虫退治の必須アイテム

ナメクジには

手作り捕獲器

左のように、葉の縁から削り取るように食べられていたらナメクジがあやしい。⇒ 23 ページ参照

右上は、かたくり粉＋米ぬかによるナメクジ捕獲器
上はビール＋塩による捕獲器
いずれも、右のように、捕獲器を黒いマルチで覆うと、暗闇好きのナメクジには効果的

モグラ　カメムシのにおいで追い払う

モグラ“ばいばい”

カメムシのにおいでモグラを追っ払うのが、この「カメちゃんパワーでモグラばいばい」。プラスチックのコップにティッシュとカメムシ２匹を入れてフィルムでふたをし、穴をあけて、モグラの通り道に仕掛けるだけ。⇒ 24 ページ参照

うどんこ病には重曹ハチミツ液、ナス褐紋病には黒酢ハチミツ液、さび病には重曹液＋有機石灰とキトサン作戦

うどんこ病には
重曹ハチミツ液

葉や茎が白い粉をまぶしたように白くなってくるうどんこ病。発生初期なら、重曹ハチミツ液をたっぷり散布。
⇒ 32 ページ参照

重曹ハチミツ液散布

＜重曹ハチミツ液材料＞
水　　1ℓ
重曹　2g
ハチミツ　1mℓ
＊重曹がうどんこ病菌を抑え、ハチミツはその展着剤

ナスの褐紋病には
黒酢ハチミツ液

うどんこ病にはアルカリ性の重曹を使うが、褐紋病には酸性の黒酢！

＜黒酢ハチミツ液材料＞
水　500 mℓ
黒酢　1 mℓ
ハチミツ　1～2 滴

左：ナス葉表に発生した褐紋病の症状
右：葉裏に発生した症状

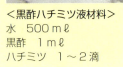

ドクター・コトーお薦め

病気退治の必須アイテム

赤さび、白さびには

⇒ 29 ページ参照

重曹液 + 有機石灰、カニ殻 + クエン酸のキトサン作戦

＜重曹液＋有機石灰＞
水　2ℓ
重曹　4g
土壌表面に、有機石灰 80g（1坪当たり）

左：ネギに発生した赤さび病
下：カツオ菜の葉裏に発生した白さび病

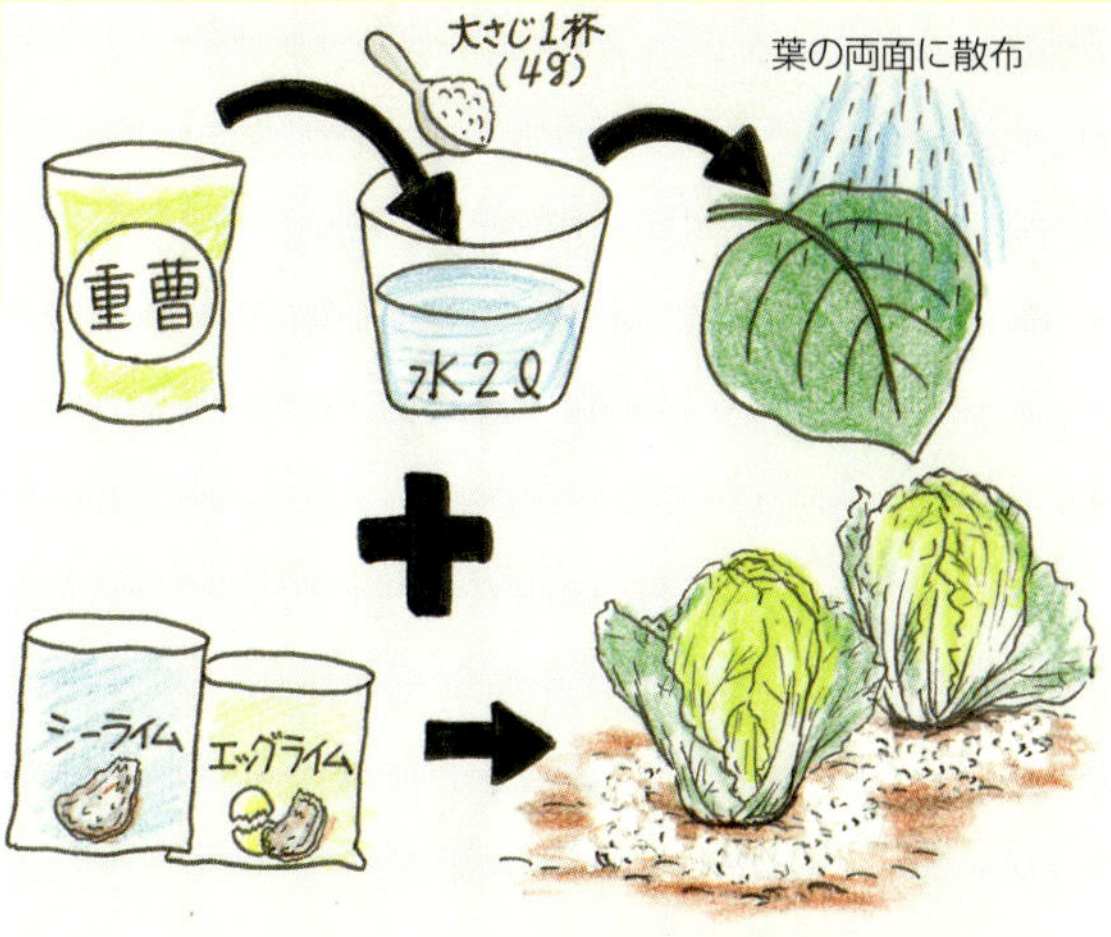

＜キトサン作戦＞
ぬるま湯　500 mℓ
カニ殻ペレット　15g
クエン酸　25g

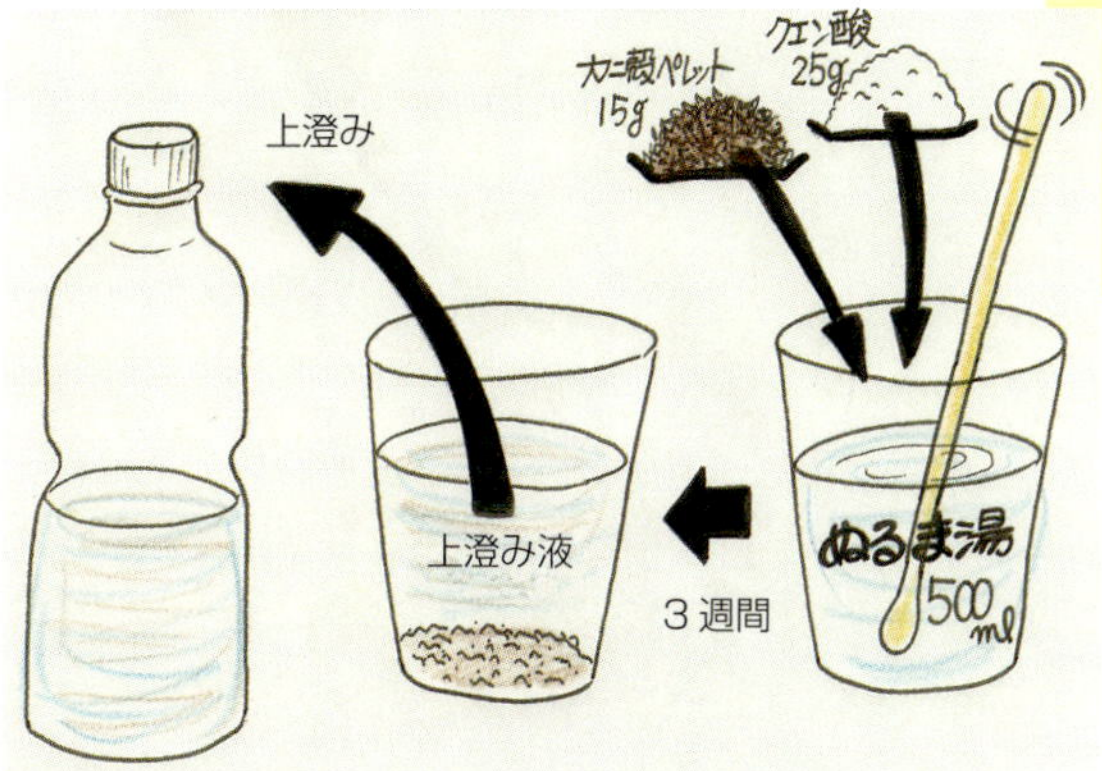

元気のない野菜・作物には

土の中に酸素補給作戦

梅雨時、野菜に元気がなくなったら、この一手！
根の周りに太さ 2cmくらいの棒を 20cmほどずぶっと刺して、酸素補給。
⇒ 34 ページ参照

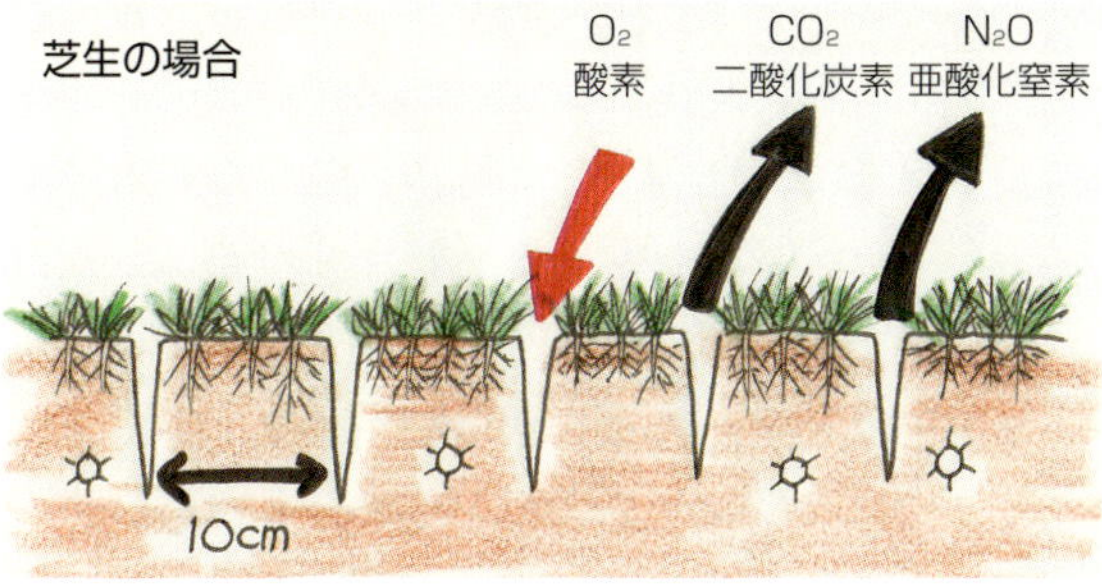

ドライバーを突き刺して酸素補給（芝生）

完成した
発酵ぼかし肥

発酵ぼかし肥

菌のパワーを土に補給。
⇒ 60 ページ参照

＜準備するもの＞
大きめの容器
米ぬか　15kg
納豆　1パック
ヨーグルト　1パック
黒砂糖　20g
水　3.5ℓ

発酵ぼかし肥の作り方

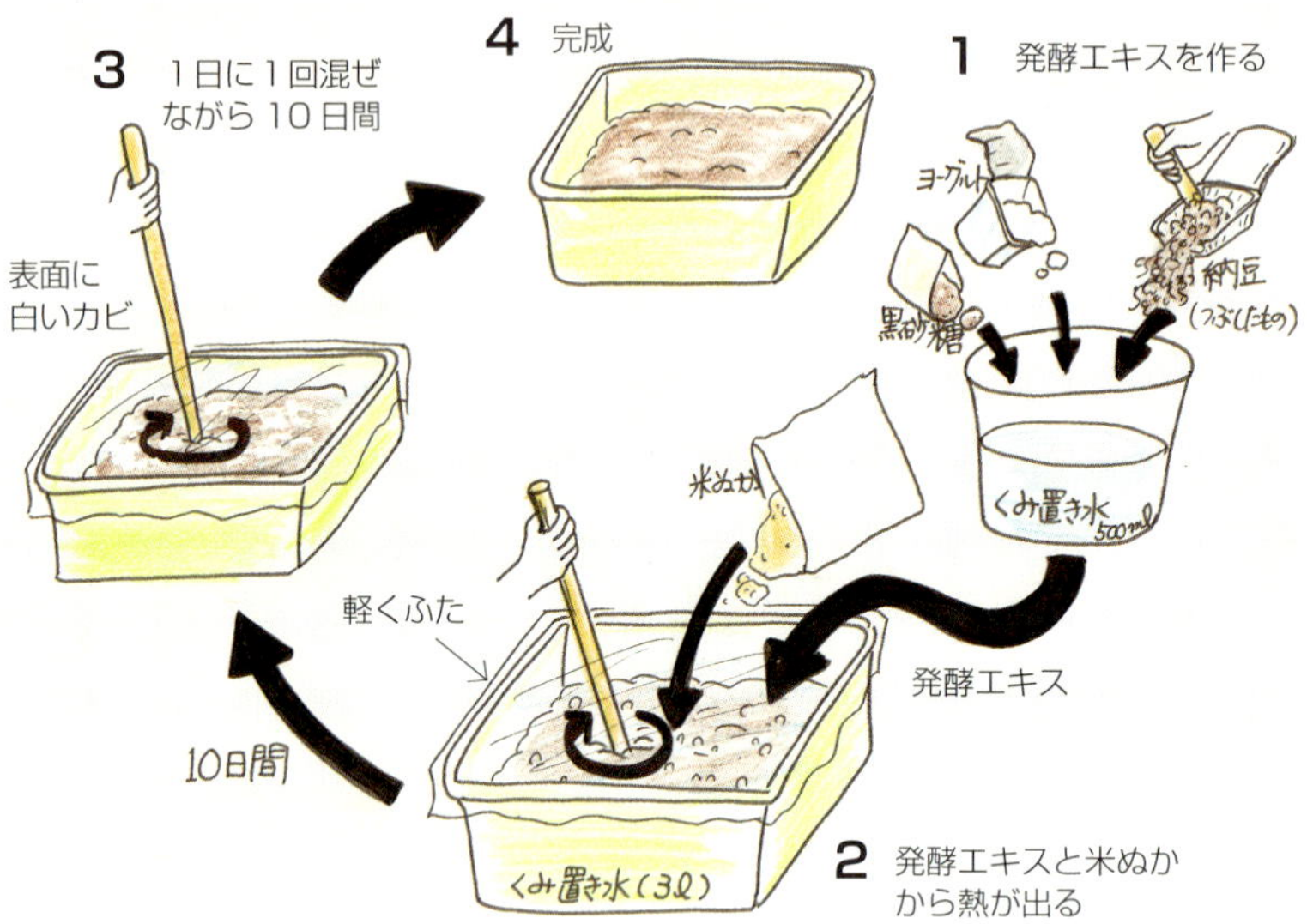

発酵液肥

「えひめAI」に工夫を加えた液肥。
2000倍に薄めて散布。
⇒ 62 ページ参照

＜準備するもの＞
水　5ℓ
納豆　10粒
ヨーグルト　250g
黒砂糖　250g
玄米　10粒
ドライイースト　15g
ニンニク　1片
なたね油 10mℓ

タオルをかぶせて発酵中

ドクター・コトーお薦め

土と作物を元気にする必須

再生した使用済み培土でもほら！

使用済み培土の

培土再生法

使い終わった培土をどうしてますか？
捨ててしまうのはもったいない！
ひと手間かければ見事に培土は復活します。

【再生手順】 ⇒詳しくは 48 ページ参照

1 枯れた株や根を除く

3

底石を戻し、再生した土と肥料を入れ、足りない土を足して完成

2 培土を黒いポリ袋に入れて、太陽熱消毒（夏なら１週間）

野菜同士の　連作好き嫌い相関図

同じ野菜を続けると、「連作障害」が出やすくなります。それを避けるために、違う野菜を作ることを「輪作」といいます。でも、種類は違っても、科が同じだと障害が……。

左の図は、野菜同士の相性相関図です。相性のよしあしの関係は、反対⇒も同じです。下の表は、科別の野菜とあけたほうが望ましい年数です。

連作間隔表

科名	種類	間隔
アブラナ科	ブロッコリー	1年
	コマツナ	1年
	ハクサイ	2年
	ダイコン	2年
ユリ科	タマネギ	1年
ナス科	ジャガイモ	1年
	トマト	4年
	ピーマン	4年
	ナス	6年
マメ科	サヤエンドウ	6年
ウリ科	キュウリ	2年
	スイカ	6年
セリ科	ニンジン	1年
アカザ科	ホウレンソウ	1年
ヒルガオ科	サツマイモ	1年
サトイモ科	サトイモ	4年
イネ科	トウモロコシ	1年
バラ科	イチゴ	2年

右の表を見て、スイカ、ナスなどはなんと6年あけ……「できないよ〜」という声。このため、連作障害になりにくい接木苗を用いたり、太陽熱消毒などで土を健康にし、堆肥やぼかし肥などの有機物を補って、環境をよくすることが大切です。（⇒48ページ参照）

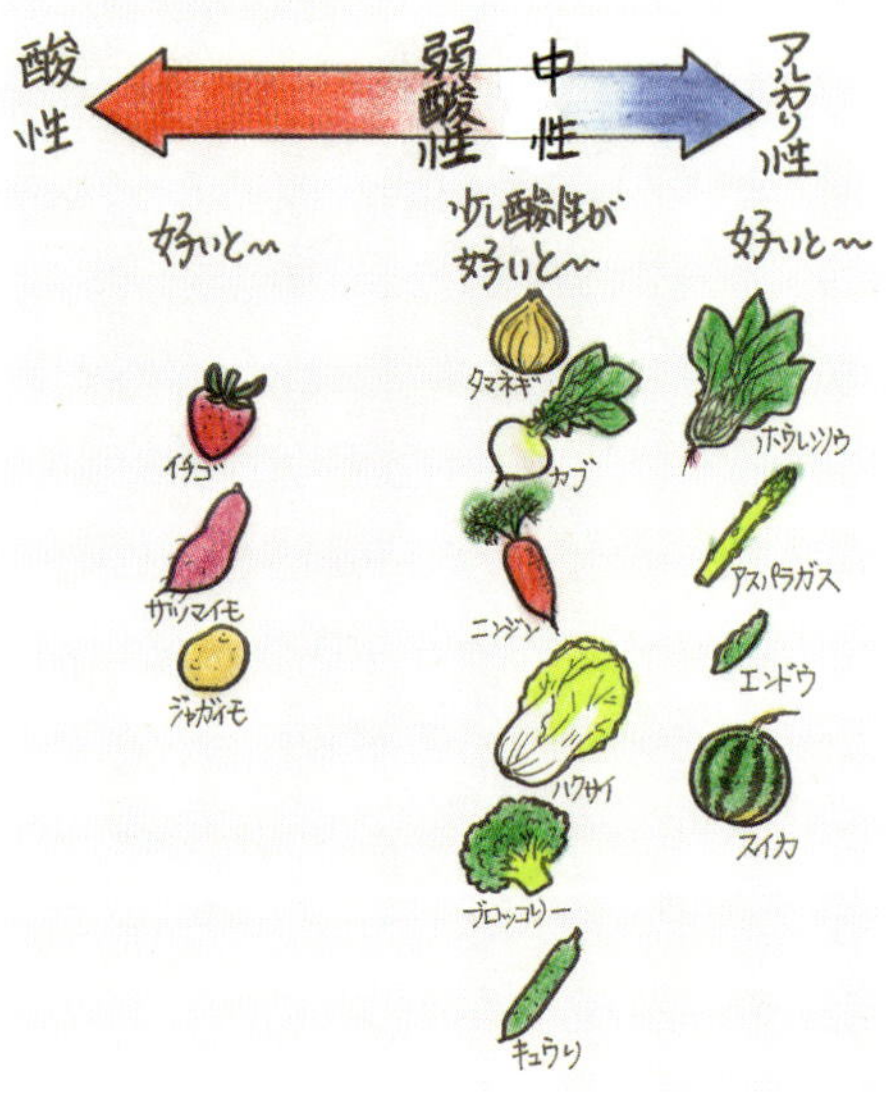

野菜の種類と適した土のpH

作付け前の石灰散布、ちゃんと考えて散布していますか。作物の多くは弱酸性土壌を好むのですが、細かく見ると左のようにいろいろです。

土のpHは、生えている雑草の種類でおおよそわかります（下表）。

土壌酸性度と雑草の種類の目安

強酸性	弱酸性	微酸性	中性	広範囲
スギナ	オオバコ	スズメノカタビラ	ホトケノザ	ススキ
イヌビエ	ギシギシ	ナズナ	ハコベ	ヨモギ
イヌタデ	アカザ	レンゲソウ	ヤエムグラ	ハハコグサ
シロクローバー	カタバミ	ザクロソウ	オオイヌノフグリ	クズ
スズメノテッポウ	カヤツリグサ			メヒシバ

はじめに

種苗や肥料、農機具、食料品を販売する福岡県JA糸島の営農総合園芸資材センター「アグリ」には、野菜作りについてのたくさんの質問が寄せられます。

「立派なハクサイがでけたばってん、半分に割ると、中央部が変色して腐っとった。なんでですな?」

「これは病気じゃなくて、カルシウム欠乏症ですばい。饅頭のように中が黒くなるので、『あんこ症』ともいいます。キャベツでも同じ現象が起きるとよ」

「石灰は苗を植えるとき、振ったとですけどなあ」

問題はここからです。畑に石灰をまき、カルシウムを補ったつもりでも、それを植物が吸うかどうかは別問題。土の中にあったとしても、ほかの肥料の入れすぎや、苗を植えたときや結球が始まったときに雨が降らず、乾燥しすぎてしまうと、植物はカルシウムを体内に取り込めず、こんな症状が出ることがあるのです。

相談しにきたおじいちゃんと、石灰の選び方、まき方など、会話がはずみます。

こんなお母さんもおられました。

「春にホウレンソウをまいたっちゃけど、葉が太りだしたら、一緒に真ん中から花みたいなものが出てきたとですが……」

いわゆるトウ立ちです。こうなると、葉は硬くて食べられません。

「タネはどこで買ったと」

ハクサイの「あんこ症」

「ちゃんと、アグリからこうた（買った）タネですたい」

「いつね」

「去年の秋にまいたタネが袋に残っとったけん、春にもまいたとですたい」

「あー、そうですか。原因はタネかもしれんね」

この方は、日がだんだん短くなる時期用に改良された秋まきホウレンソウのタネを、だんだん日が長くなる春にまいたために花が咲いてしまったというわけです。同じ野菜でも、季節によってタネを使い分けることをお伝えしました。


結果には必ず原因があります。

この本は、「アグリ」に寄せられた疑問や悩みに、アドバイザーを務める私はもちろんですが、職員が一緒になって原因を考え、試行錯誤しながら開発した、アイデアと技術、手作り資材、栽培方法など、その対策をまとめたものです。イラストを描いたのも、写真を撮影したのも、全員がいつも店頭に立っている「アグリ」の職員です。そんなスタッフの情熱とともに、この本をお届けします。

この本が、多くの家庭菜園実践者の皆さまに喜んでもらえることを願っています。

二〇一六年十二月

ドクター・コトーこと　古藤俊二

本書に紹介されている市販農薬は、発行時（二〇一六年十二月）の農薬登録に基づいて記述されております。使用される場合は、最寄りの指導機関やJAなどにご相談ください。

ホウレンソウのトウ立ち
（タキイ種苗提供）

目次

取り上げた資材

取り上げた野菜ほか

取り上げた病害虫・障害

Q&A
こんなときどうしたらいいの？

教えてドクター・コトー

アブラムシやアザミウマなど

Q 知らんうちに、葉のすすけてきよった。農薬は使いとうなか……簡単でよか方法はなかと？

A 大ブームの「魔法の黄色いバケツ」と、アルミホイルのキラキラ作戦

魔法のバケツって知っとるな？

売り場で耳を澄ませていると、野菜をたくさん栽培しているおじちゃんたちの、こんな会話が聞こえてきました。

「あんた、魔法のバケツって知っとるな」

「なんなそれ？」

「置いとくだけでバケツの中にアブラムシとかガとか、害虫のいっぱい捕まえられるとたい」

魔法のバケツとは、私の店に置いている黄色いバケツのこと。普通売られている水色ではなく、黄色であることが重要なのです。

夜になると赤いネオンに吸い寄せられる人がいるように、昼行性害虫のなかには、キュウリやトマトの花の色である黄色に誘引される種類がいます。とりもちのように害虫をくっつける黄色い粘着シートがあるのは、その性質を利用したものですが、そんなに黄色が好きならと思い、黄色いバケツに魔法の薬を入れて畑に置いたら効果抜群。一日でバケツに二〇匹ほど捕獲したこともあるほどです。

野菜の株元に置いた、黄色の魔法のバケツ

バケツの中には害虫がいっぱい

いろんな害虫を一網打尽

春夏野菜が成長する時期は、害虫も盛んに活動する時期……。診療所には、「知らんうちに、葉のすすけとった」「葉の縮れとる」といった相談が舞い込みます。もしかしたら、原因はミカンキイロアザミウマやタバココナジラミなどの、吸汁性微小難害虫かもしれません。

ミカンキイロアザミウマは、最も大きい雌の成虫でも、その体長は一・四〜一・七ミリ。肉眼ではなかなか見にくいため、発生確認が遅れている間に、キュウリやピーマン、ナス、キク、トルコギキョウなど、いろんな作物で被害が拡大します。

そのほかにも、品種にもよりますが、春夏野菜にはアブラムシやハダニ、カメムシなど作物の汁を吸う害虫、ヨトウムシなど葉を食害するガの幼虫など、さまざまな害虫がやってきます。

かといって、家庭菜園で化学合成農薬にたよって防除するのもどうかなという方が多いよ

【魔法の黄色いバケツと魔法薬の作り方】

魔法の黄色いバケツと、中に入れる素材

容器　黄色いバケツ（6ℓ）
魔法薬材料
　水　約3ℓ
　市販ヨーグルト　大さじ1杯
　ゴマ油　1～2滴
　ハチミツ　1～2滴
＊菜園 10㎡に1個が目安

菜園の面積 10㎡に黄色いバケツ 1 個

うです。そこでおすすめしているのが、「魔法の黄色いバケツ」です。JAの野菜作り講習会で伝授したところ口コミで広がり、今では地域内でひそかなブームとなっています。

魔法薬の作り方

魔法薬の作り方は簡単です。六リットル入りの黄色いバケツに、水を半分と市販のヨーグルトを大さじ一杯、ゴマ油とハチミツを一～二滴たらして混ぜるだけ。あとはバケツを一〇平方メートルに一個の割合で置けば十分です。

バケツの黄色と、乳酸菌などの甘酸っぱいにおいで引き寄せた害虫を、水面に浮かんだゴマ油の吸着力で溺れさせるという仕掛けなのですが、特にトマトやキュウリ、ナス、カボチャなどにつく害虫減らしには最適。一カ月ぐらいは効果が持続します。

雨が降って水があふれたら中身を入れ替えますが、自然素材ですから、畑に流しても何の問題もありません。

ゴマ油は、天ぷら油でも可ですが、私は香りのよいゴマ油を使っています。

ハウスの中にぶら下げた黄色の粘着シート

ミナミキイロアザミウマ
（柴尾学原図）

黄色好きを利用した粘着シート

害虫の黄色好きの性質を利用して開発され商品化されたのが、黄色の粘着シートです。

作物の近くにぶら下げておけば、キイロにおびき寄せられた害虫が粘着シートで捕殺されるというものです。人にとって黄色に見える範囲は、濃い山吹色から薄いレモン色まで幅があり、厳密にいえば、色調によって害虫の飛来度合いも違うのでしょうが、吊るしておけば効果はあります。

アグリで販売しているのは、「吊るしてGET虫（ゲッチュウ）」。水にぬれても効果が持続するので、露地でも三カ月くらいもちました。

ただ、昆虫のすべてが黄色が好きということはなく、ミナミキイロアザミウマは青色が好きとのこと。なので今、青色の粘着シートを手作りしてテストしています。

キラキラアルミ＋マリーゴールド

さらに効果を上げるには、植え付けたナスやトマトの株元にマリーゴールドを植え、市販のアルミホイルを敷く方法があります。

マリーゴールドは土の中のセンチュウを忌避、アルミホイルが太陽光を乱反射させることによって、葉の裏につきやすいアブラムシを寄せ付けにくくします。

自然界は複雑なメカニズムで成り立っていますから、これで完璧という方法ではありませんが、なるべく農薬を使わずに安価で手軽に害虫を防除する方法として、お薦めしています。

株元にマリーゴールドを植え、アルミホイルを敷く

ネキリムシ（カブラヤガ、タマナヤガなどの幼虫）

Q 二〜三日ぶりに畑に行ったら、植えていた苗が消えてしもうとった。誰も抜いとらんとよ、不思議かね……

A 使用済みストローで根元を守る「ストローガード」

野菜の苗の定植が始まってしばらくすると、こんな相談がよく舞い込んできます。

「二〜三日、畑に行かんかったら、並べて植えた苗がいくつか消えとった。抜いたわけでもなかとに……」

前日までは元気に育っていた苗が一夜にして急に消えてしまったとなると、おそらく、原因はネキリムシです。

昼間は土の中に潜んでいるネキリムシ
さわるとクルンと丸くなる

夜に土から這い出て根元をガリッ!

ネキリムシ（根切り虫）とは、カブラヤガ、タマナヤガなど茎を食害する野《や》蛾《が》の幼虫の総称で、一見すると根を切られたように見えるため、この名で呼ばれます。切られた株の近くの土をちょっと掘り返すと、上の写真のような幼虫を見つけることができます。

幼虫の状態で土の中で越冬し、暖かい地方では早春から活動。大きくなると昼間は土中に隠れ、夜になると這い出してきて、茎をガリッと食べるのです。

プロなら農薬を使うケースですが、家庭菜園では使いたくないですよね。でも、何か手を打たねば収穫できません。そんなとき使うのが「ストローガード」。使用済みのストローで、ネキリムシの攻撃から根元を守ります。

根元を守るストローガード

ストローを縦に割き、五〜六センチの長さに切断。野菜の根元にはめ込んで植え付けます。

このとき、害虫の忌避効果があるハーブのローズマリーの枝を五センチほどに切って一緒にはめ込むと、さらにアブラムシ類への対策にもなります。「これで絶対大丈夫」という方法ではありませんが、やる価値は十分です。

ストローの中にローズマリーの枝を挟み、野菜苗の根元にはめ込んだところ

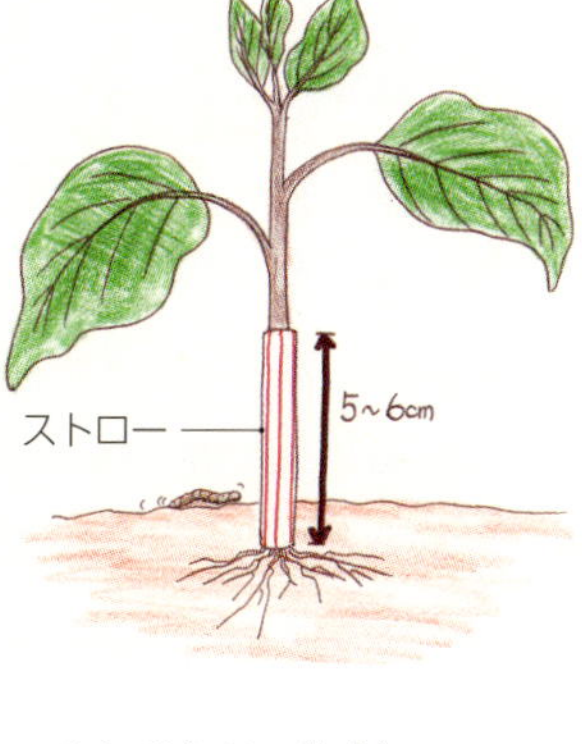

ウリハムシ

Q メロンの葉っぱにすぐ飛んでくるとよ。まる〜く穴ばあけるとばい。追っ払うてもすぐ寄ってくるもんね。しぶとか〜

A **ネギのにおいとアルミホイルのキラキラ作戦**

スイカやメロン、カボチャなど、ウリ科野菜の葉に円形の食害痕……。それはウリハムシの仕業の可能性が大です。

黄橙《おうとう》色の小さな甲虫類で日中、葉上に群がって食害。発生が多いと作物が丸坊主になることも。成虫は四月ごろから食害し始め、産卵。第二世代は五月下旬〜七月にかけて現われます。

幼虫の発生が多いと、葉だけでなく茎にまで食い込んで、植物は枯死。植物体が大きくなるとさほど問題になりませんが、幼苗期だと、葉が食い尽くされたり、生育が抑制されたりして、植え替えを余儀なくされます。露地栽培では特に要注意です。

葉を食害するウリハムシ

葉に一〇円玉くらいの円形の傷

特徴的なのは、成虫の葉の食べ方。いきなり葉を食べることなく、ぐるりと回りながら葉の表面を薄くかんで一〇円玉くらいの円形の傷を作り、その後、円内の葉を食害します。

ウリ科植物は食害されると、苦み物質「ククルビタシン」を出して、ハスモンヨトウなどの食害から防衛する仕組みをもっています。ところが、ウリハムシはこの苦み物質に誘導されて飛来します。しかし、その苦み物質自体は食べたくありません。そこで初めに丸く葉をかじり、苦み物質が周囲から流れ込んで濃度が高くなるのを防いでから、円内の葉を食べるのです。

同じウリ科でも品質改良が進んだキュウリは、苦み物質の含有量が少なく、ウリハムシの飛来が少ないために比較的被害にあいません。その代わり、アブラムシやアザミウマなどの吸《きゅう》汁《じゅう》害虫が増えたようです。

ではウリハムシ対策。プロなら農薬を使いま

まず丸い円を描き、それから中をかじり取るのが特徴

すが、ここでは虫の特性を考えた対策を打ちます。

反射シートに侵入防止力あり

光を反射するシートを地表面に設置すると、アザミウマ類やハムシ類の侵入、発生が抑制されるという報告があります。なぜ、光の反射がこれらの害虫の侵入を抑制するのかは完全には解明されていませんが、昆虫が飛行する際、通常は背面で受ける光を地表方向から受けると、正常な飛行を続けられなくなるためではないかといわれています。

作物が繁茂すると反射が虫まで届かなくなる欠点はありますが、ここは光を反射するシルバーポリフィルムによるウネマルチに期待。家庭菜園なら、三〇センチ四方のアルミホイルを株元に敷くのもよいでしょう。また、収穫を終えたタマネギの葉を切り刻んで株元にまく手も。人に涙を出させる硫化アリルの気化作用で、虫の忌避効果を狙うわけです。

実験中――アワビ殻のキラキラ光線

私がいま実験しているのは、キラキラ光るアワビの殻の内側を上向きにして葉の下に敷く光拡散効果と、虫が嫌う硫黄化合物アリシンを含んだユリ科植物を一緒に植えること。いずれも農薬のように一発コロリンというレベルではないですが、虫の特性や植物の防御能力などを考え、創意工夫で自分なりの技を編み出すのも園芸の醍醐《だいご》味《み》です。

ネギのにおいとアルミホイルのキラキラ反射で侵入防止

Q ダイコン、カブなどの穴あけ害虫

今年はモンシロチョウの少なかね～と思うとったら、小さか虫のよう食べようと……

A 手取り捕殺か粘着テープで頑張るべし

私の仕事の一つが、害虫発生の予察。今年は例年に比べてモンシロチョウがあまり飛んでいない、それに葉を一気に食害するアオムシやヨトウムシの発生も少ないし、大きい葉が食べ尽くされる危険性は低い……なんて安心していたら、とんでもないことが。

あっという間の穴あけ害虫は誰だ！

発芽したてのダイコンやハクサイなどのやわらかい葉が食害されて、あっという間に網目になった畑が目につきます。ひどいところでは、次ページ写真のようにカブの葉が消えかかっています。

　こんな食べ方をするのは、「ダイコンサルハムシ」か「カブラハバチ」の仕業。ともにダイコンのほか、アブラナ科野菜で発生して被害を与えます。


ダイコンサルハムシ　ダイコンサルハムシは、コガネムシやテントウムシの仲間。成虫、幼虫とも食害します。成虫は紺色でキラリと光り、体長四ミリくらい。幼虫は淡褐色で黒い模様があります。山際の畑や無農薬栽培の畑で多発しているようです。

　葉に二～五ミリの穴をたくさんあけ、幼苗で多発すると野菜が枯死します。成虫で越冬し、春と夏を眠り続けて九～十二月に発生する変わり種。成虫の寿命は五〇〇日程度と長く、その間、葉柄や葉脈上に一〇〇〇個以上の卵を産みます。

　成虫は飛ばず、歩行で活発に動き回ります。成虫、幼虫ともに危険を感じると、葉からコロコロッと落ちますので、そこを手で捕殺します。

カブラハバチ　カブラハバチは、植物を食べるハチの仲間。濃青紫色で、体長一・五センチの幼虫が食害します。葉に大きな穴をあけ、黒く丸いふんが葉表に転がっています。多発すると葉脈を残して葉が食い尽くされます。虫に触れると落下して丸くなる習性があり、春から秋にかけ、五～六回発生します。これも手で捕殺するか、所定の薬剤で防除する以外にありません。

手で捕殺、あるいは粘着テープで

　手でつぶしたくない方は、粘着テープの粘着部分を外側にくるりと丸めてピタッとくっつける手も有効です。

穴だらけにされたカブ

野菜に穴をあけたダイコンサルハムシの幼虫

指で触れるとくるっと丸くなるカブラハバチの幼虫

粘着テープでの捕殺もお薦めです

ナメクジ

Q キュウリの葉が、縁のほうから削るように食われとりますたい。ヨトウムシやろか？

A ビール＋塩でおびき寄せる手作り捕獲器ほか

「夏キュウリの芽が出たと思ったら、葉っぱをかじられてしもうた」

「どげんふうにですな」

「縁から削るように食われとりますたい」

葉に丸い穴があいていたりレースのようになっていたりしたら、ヨトウムシやアオムシの可能性大ですが、写真のような側面から削り取るようなかじり方からみて、犯人はおそらくナメクジ。ヤスリのような歯の構造がなせる業です。

葉の側面の縁のほうからかじられたピーマンの葉

とはいえ、葉の真ん中からも穴をあけたようにかじるのもいるそうなので、要注意。

冬の間の徹底防除

ナメクジの寿命は約一年。秋から春にかけて一匹で二〇〇～三〇〇個の卵を産み、春をピークに五月までふ化します。

雑食性ですが、主食は植物。被害を防ぐには、生息場所となりやすい植木鉢などを片づけるとともに、餌となる落ち葉や雑草を放置しないなど、周辺の生息環境の改善が大切です。

畑なら、地面に置いた肥料袋や支柱、マルチの下なども居心地のよい場所になります。

ビール＋塩の手作り捕獲器

薬剤を使わない防除の一つが、ナメクジの出やすいところに捕獲器を仕掛ける方法です。

まずは、ビールの飲み残しを小さな容器に入れておびき出し、溺死させるやり方。ナメクジはビール酵母と麦芽の香りに誘いだされるという説があります。市販のビール酵母を添加すると、さらにパワーアップするようです。

ただ、なかには酒に強い個体もいるようで、飲み逃げする猛者も。対策として、ビールの中に塩を入れておくと効果が上がります。

かたくり粉＋米ぬかの捕獲器

一〇グラムのかたくり粉を一〇〇ミリリットルのぬるま湯で溶いて、半分に切った五〇〇ミリリットルのペットボトルに入れ、その上に米ぬかや、ぬか漬けの残りをセットする方法もあります。

屋根かけて、侵入口を残し、黒マルチ被覆

どちらのやり方も、雨よけに、半分に切っ

た二リットルのペットボトルをかぶせておくとよいのですが、その際、ペットボトルの中央部に穴をあけて窓のように折り、ナメクジの侵入口を作っておきます。この雨よけは、黒いマルチフィルムなどで覆うとさらに効果が上がります（三ページ参照）。暗いところが大好きなナメクジの性質を利用するわけです。

ペットボトルで作ったナメクジ捕獲器。風で飛ばないよう竹ひごで止めている
右はかたくり粉＋米ぬか、左はビール＋塩の捕獲器。破線はナメクジの侵入口

モグラ

Q 堆肥をやったらミミズの増えたとばってん、モグラのようけ来るようになって、作物の枯れるとばい……

A **秘技**　カメちゃんパワーでモグラばいばい

土が肥えるとやってくる……

土作りのために、手作り堆肥や発酵肥料をたっぷり入れると、ミミズがたくさん寄ってきます。そのふんは最高の土の栄養ですが、大好物のミミズを狙ってモグラが来るのが悩みのたね。モグラのせいで土の中に空洞ができて根が浮き、作物が枯れる原因になります。

土の中を走り回るモグラ

モグラは一日に、体重の半分くらいの餌を食べる大食漢。百パーセント肉食で、コガネムシの幼虫やヤスデなどの昆虫は食べても、野菜は食べません。

対策としては、ペットボトルで風車を作り、その振動で追い払うやり方や、モグラを寄せ付けない薬を振る方法などがありますが、今回は私が編み出した、くさいカメムシを使った対策「ドクター古藤の『カメちゃんパワーでモグラばいばい』」を紹介します。

カメムシのにおいで追っ払うのだ

カメムシを数匹捕獲。小さな乳酸飲料程度の大きさの空容器一つに、カメムシのにおいを染み込ませるためのティッシュ一枚と、必ずカメムシを二匹入れます。これにラップをかけて輪ゴムで止め、つまようじでラップや容器に空気穴を数箇所あければ仕掛けは完成。

次はモグラ穴の確認。モグラの巣は、土がやわらかい畑の中ではなく、あまり人が通らない土手や電柱の下のような安定した場所にあります。モコモコと土が盛り上がったモグラが穴を掘った痕跡をたどり、そのモグラの通路が本線か支線かを見極めます。

仕掛けを埋めるのは本線。土が盛り上がった場所を掘って通路を確認したら、水が入ってこないよう、穴に仕掛けを横向きに置き、埋め戻します。モグラには、壊れたトンネルを修復する習性がありますが、こんな感じで通路に仕掛けを何個か置けば、もう畑にはこなくなります。

プラスチック容器に入れたカメムシ

モグラの嗅覚は人間以上に効く

なぜ、この方法が効くのか。

カメムシの発するにおい元はカメムシ酸。仲間に対しては警報フェロモンとして逃避行動を引き起こしますが、緩やかに少量放出された場合には、集合フェロモンとして、仲間を集める機能があるそうです。

左のハウスに通じた、モコモコとした土の盛り上がりが本線

一方、外敵に対しては毒物および忌避物質として作用します。視力の代わりに嗅覚が発達したモグラは、人間以上にあのにおいがまんできないのでしょう。

モグラの縄張りは約四五〇平方メートル。平たくいえば、約二〇メートル四方にすんでいるのは一匹だけ。つまり家庭菜園くらいの面積なら、モグラを殺さずとも寄りつかないようにすれば、菜園が穴ぼこになるのを平和的に防げるというわけです。

なお、仕掛けを埋めた場所には、何か目印を置いておくと、あとで処理するときに便利です。

モグラの通路に容器を仕掛ける

土壌センチュウ

Q お化けのごたるゴボウのとれたばい！
続けて作っちゃおらんのに、なんでこげんゴボウのでくるとね

A **石灰とマリーゴールド混植で、**悪玉センチュウを減らす

一年目はよくできたけど、二年目から病気が出たり、収量が減ったりした、なんて経験はありませんか。それが、同じ種類の作物を同じ畑に植え続けたときに出る「連作障害」。別名「忌地《いやち》現象」です。

「お化けのごたる（ような）のがとれた」

先日、根が伸びずに広がり、いびつな形になった「怪獣ゴボウ」を手にした知り合いのおじちゃんが、アグリに飛び込んできました。

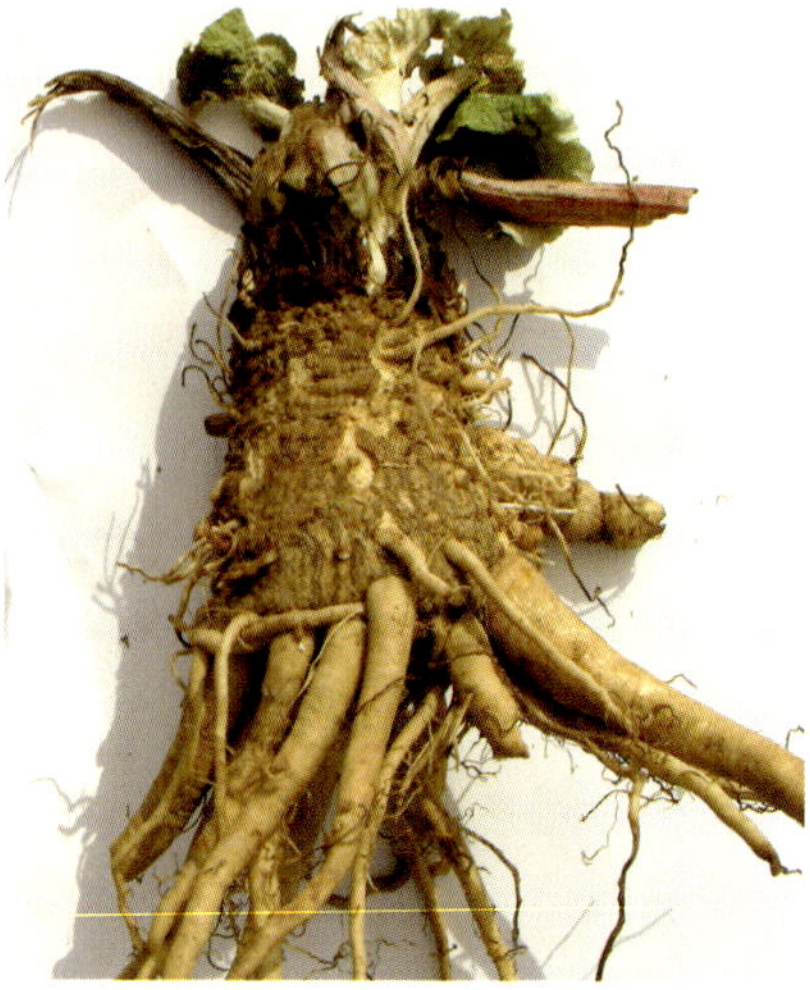
おじちゃんが持ってきた「怪獣ゴボウ」

えっ？ レタスとゴボウは同じ仲間！

「葉や茎が立派に育っとーけん、そろそろ収穫したいと思って、喜び勇んで一気に抜いたら、こげなんが出てきたばい」

「連作したろ」と私。

「しとらんばい。ゴボウの前はレタスば植えとった」

「それですたい」と私。

「レタスはゴボウと同じキク科やけん、連作になるとですよ。シュンギクもキク科やけん、注意してね」

連作障害は同じ作物を同じ畑で栽培したときはもちろん、同じ種類（科）の作物でも起きるので、用心が必要なのです。レタスとゴボウとシュンギク、形こそ違いますがみなキク科の仲間なんですね。

ゴボウとは形が違うが、シュンギクもレタスも同じキク科の仲間

怪獣ゴボウの犯人はセンチュウ

おじちゃんがもってきた怪獣ゴボウは、土の中にいるセンチュウ（線虫）の仕業でしょう。同じ種類（科）の作物を植え続けたことで、その根っこ付近に好んですむセンチュウの数が増えすぎて、土中のバランスが崩れたのが原因と考えられます。ゴボウは特にセンチュウの被害を受けやすく、寄生すると表皮が黒ずんだ状態

になります。

農家からやっかいな害虫と見られているセンチュウですが、種類は大変多く、すべてが「悪」というわけではありません。一生の一時期を植物の根などに寄生して生活する「寄生性センチュウ」のような悪玉もいれば、落ち葉などの有機物を食べて分解し、微生物が働きやすい環境を作るとともに、自らの死骸によって土壌の腐植を増やす「自活性センチュウ」のような善玉もいます。

重要なのは、土壌中の善玉と悪玉のバランスと密度です。

多めの石灰とマリーゴールド

寄生性センチュウをやっつける対策としては

▽石灰を多めに投与する（有機石灰がお薦め）

▽根から分泌される物質が地中にいるキタネグサレセンチュウなどに効果があるといわれる対抗植物「アフリカンマリーゴールド」を畑で育てた後、ゴボウを植え付ける

などがあります。

でも、一番の対策は、有機物を必ず入れて、同じ種類のセンチュウを増やさないよう、連作をしないこと。作物の種類を考えながら、作付け計画を立てることが大事なのです。

根こぶ病

Q そろそろと思って収穫したら、カブの根がブクブクと変形しとりましたなんでこうなりますとかいな……

A 水はけをよくして、カキ殻石灰を多めに散布

「カブの根がブクブクと変形しとりますと」と、お店の常連さんが青ざめて来店。

一時間後には別の常連さんが、同じく根っこが変形したチンゲンサイを手に、「なんでこうなりますとかいな」とやってきました。

家庭菜園でも発生が増加中！

ダイコンやカブ、ホウレンソウなどの野菜は、冬の寒さが厳しくなると同時に甘みを増します。それは蓄えた養分を寒さに負けない、生き抜くためのエネルギー源として、糖分に変えていくから。つまり、寒い厳しい条件下で育った野菜ほど甘いわけです。そんなおいしさを期待して収穫してみたところでの出来事……、ショックだったことでしょう。

いずれもキャベツ、コマツナ、ブロッコリーなどアブラナ科植物に見られる「根こぶ病」。

カブに発生した根こぶ病

チンゲンサイに発生した根こぶ病

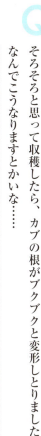

【根こぶ病発生のメカニズム】

根部の枯れ、傷口から病原菌放出 ⇒ 菌は土の中で５～７年生存 ⇒ 土の中の水分で菌は動き回る ⇒ 根に侵入 ⇒ 寄生・増殖

土中にすむ病原菌が植物の根に感染して細胞が異常増殖し、大小さまざまなこぶができる病害で、近年ではプロの畑だけではなく、家庭菜園でも発生が増える傾向にあり、要注意です。

根こぶ病にかかると、土壌中の養分や水分を地上部に供給する能力が衰えます。日中は葉や茎がしおれ、夕方になると回復する初期段階を経て、徐々に生育が悪化。ひどい場合は生育不良で枯れてしまうこともあります。

薬に頼らない対処法

気温が比較的高い梅雨や秋雨のころに発生。水分の多い土壌、水はけが悪い場所でも発生しやすくなります。病原菌は土中で五～七年近く生存するといわれており、一度発病した場所では長期間、感染の危険性があります。

薬剤に頼らない対処法は、

▽水はけのよい畑にする

根こぶ病抵抗性の備わったタネ

▽土壌が酸性に傾くと、発生率が高くなってしまうので、タネまきや植え付け前にカキ殻石灰「シーライム」を多めに土壌に混ぜ込み、中性に近づける

▽連作に注意し、発病場所ではアブラナ科植物の栽培を避け、スイートコーンなどのイネ科野菜を育てたり、繊維質の多い有機素材（稲わら・麦わらなど）を投入したりして、地力を上げる

▽種子の袋に、病原菌への抵抗性を示す「ＣＲ」表示があるものを使う

などがあります。

発病株は根ごと掘り上げて処理！

発病した畑では、病原菌がいるこぶを土中に残さないよう、株を根ごとていねいに掘り上げます。病原菌は水を介して広がるので、決して被害株を水路などに捨てず、ごみとして処分。掘り上げるとき使った道具も十分に洗ってください。

食べ過ぎやバランスの悪い食事が続いたらヒトの免疫力が落ちるように、土も連作や堆肥投入の不足などによって地力が低下すると、いろんな病気にかかりやすくなります。おたがい、気をつけましょう。

Q A

赤さび病・白さび病

ネギの葉にだいだい色の粉がドバーッ……カツオ菜の葉が黄色になって葉裏に白の斑点が

暖冬に要注意！　**キトサン作戦と重曹＋有機石灰のダブルパンチ**

秋にタネをまいたダイコンやカブ、苗を植え付けたキャベツやハクサイ、ネギが収穫の最盛期を迎える晩秋から初冬、今年の冬は暖かいなあなんて思っていたら……む、むっ。ネギの葉には無数の赤い斑点。博多のお正月に欠かせないカツオ菜の葉の裏にも白いカビのようなものが……。

カツオ菜に発生した白さび病

「ネギの葉に、だいだい色の粉が、ドバーッとついとる」

「わりわりしとる（大きく育っている）カツオ菜の葉が、少しきんのう（黄色く）なっとるけん、葉の裏ば見たら、白い斑点がちょこんちょこんとついとった」

暖かい冬には要注意！

発生したのはともに「さび病」で、普通、カツオ菜のほうが白さび病で、ネギのほうが赤さび病と呼ばれている病害です。

さび病は絶対寄生菌で、生きた細胞だけに寄生し感染し、白さび病や赤さび病を引き起こします。病原胞子は〇～二五度で発芽し、発芽適温は一〇度前後。まさに暖冬は危険なのです。

感染から病徴が現われる潜伏期間は五～七日間あるので、気づいたときには手遅れ、というケースが多いようです。どんどん広がっていくのが特徴で、病気が発生したら、発生した葉を早めに全部かき取って処分するなどの対処が大切になります。

雨が多く、気温が下がりきれない年には発生が相次ぎ、特にチッソ肥料を多用したような肥培管理畑では、発生と拡大が助長されやすいようです。さらに胞子が被害植物について越冬し、感染源になることも。

ネギに発生しただいだい色の赤さび病

まずはキトサン作戦

化学的な対処法では「アミスター20フロアブル」の二〇〇〇倍希釈液を葉の裏を重点に散

1 カニ殻ペレットとクエン酸で作ったキトサン液（右）

2 重曹散布

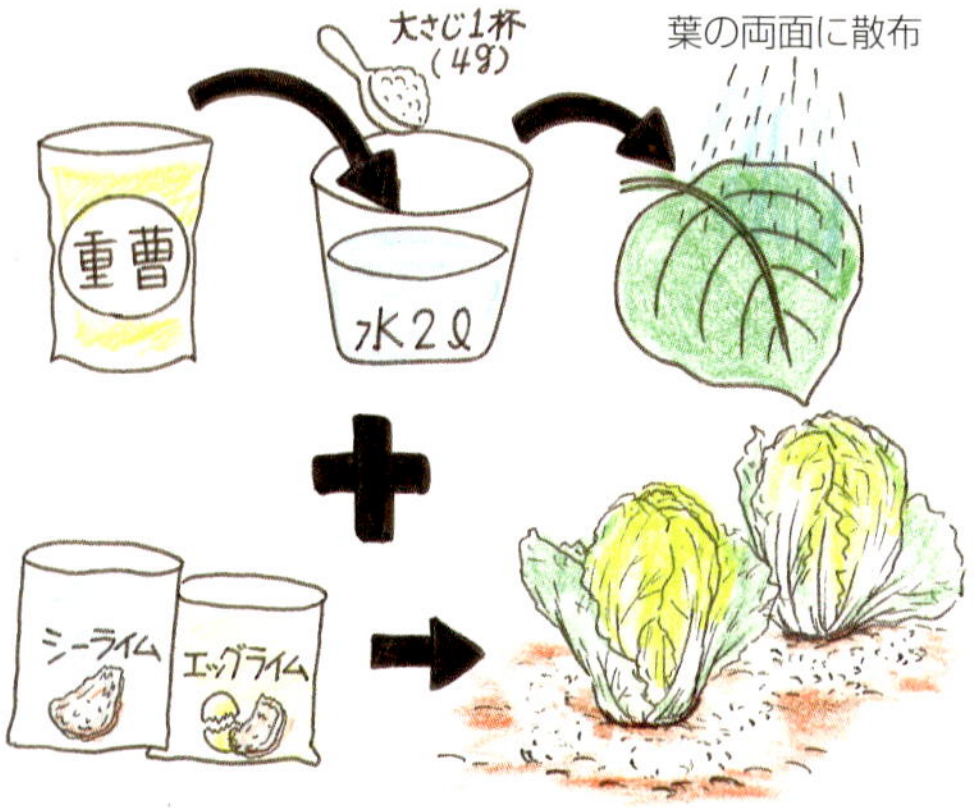

3 地表面に石灰の層を作る

カツオ菜の株間に有機石灰をまく

布（使用は収穫三日前まで）。有機的防除では、植物体内の窒素代謝を高めるキトサン作戦が有効です。

用意するのは、五〇〇ミリリットルのぬるま湯とキトサンを豊富に含むカニ殻ペレット一五グラム、クエン酸二五グラム。

これらを混ぜ合わせて作ったキトサン液を一週間寝かせ、上澄み液を三〇〇倍に希釈して、葉の裏面に散布します。

一回散布では防除効果が低いので、一週間間隔で、一坪当たり五〇〇ミリリットルを目安に、二〜三回の散布がお薦めです。

重曹散布と有機石灰被覆

さび病菌は酸性を好む一方で、アルカリ性を苦手とする性質があります。その性質を利用した安全な有機的処方がこれ。

一つは市販の食用重曹（重炭酸ナトリウム）を、二リットルの水に四グラム（大さじ一杯）入れ、葉の両面に、一週間に一回の割合でたっぷり散布すること。

もう一つは、畑の全面にアルカリ性の有機石灰をまき、地表面に白い石灰の層を作ること。アルカリ性の層によって、病原菌の芽がそれ以上、出てこないようにするのです。

カツオ菜やハクサイなど、一坪当たり八〇グラムを目安に、株と株の間にまきます。

ケイ酸カリの元肥散布もよさそう

私の現場調査では、ミネラル要素を含む「ケイ酸カリ」を元肥に使っている農家の畑では、発生が少ないようです。ケイ酸カリに含まれるケイ素やほかのミネラルが、病気に強くなる免疫力を強化してくれているのでしょう。また、土を元気にしてくれているのでしょう。

梅雨時お悩みの病気たち

Q ナスの葉が黄色くなって生育が悪うなった
トマトに病斑が現われて、そこに白いカビが生えてきよった

A 予防剤散布以外には手の打ちようがないのが苦しい……

梅雨時期に入ると診療所は、野菜や草花、植木などの病害虫相談で大忙し。特に多い相談が、ナスやピーマンなどに発生する「半身萎凋病」と、トマトやジャガイモなどに発生する「トマト疫病」です。

葉の片側だけが黄化してしおれた半身萎凋病のナス

ナス　葉の片側だけが黄色に
――半身萎凋病

葉の片側だけが黄化してしおれ、生育が遅れぎみになって収穫に影響が出るのが「半身萎凋病《いちょうびょう》」です。原因は土壌病害菌。発生すると有効な劇薬がないため、定植前に土壌消毒するか予防剤を散布するよりほかに、手はありません。

一株に発生すると、すべての株に広がる恐れもあります。病気にかかった枝葉に作られる菌核が翌年以降の感染源となるので、発生が見られた株は、抜き取って袋に入れて破棄するか、焼却しなければなりません。菌は土壌中で一〇年近く生きており、同じ場所にナスを植えると再発するからです。

菌類の菌糸が分化し、外界の厳しい条件に耐えうる硬い組織になったのが「菌核」です。病原菌は土壌中でこの菌核を形成。ナスの根が一ミリ以内に近づくと速やかに発芽して、病原菌が根から導管内に侵入し、導管を伝って植物体の上部へ移動していきます。そして導管が密に分布する部分に定着するため、その部分の水の通りが悪くなり、枝葉が半分黄化してしおれるわけです。

病原菌はその後、落葉した葉や、枯死した枝葉の中で菌核を形成。再び土壌に入り、汚染された種子や種苗、汚染土壌で長靴やトラクターについた泥、強風や豪雨などによって伝染します。だから一度発症すると、耕うん作業などは病害のない畑から始め、土を落としてから次の畑へ移動するなど、細心の注意が必要になります。

周りがぼやけた不整形の暗い色の疫病斑が現われたトマトの若い実

トマト疫病にかかったトマト

トマト　病斑が出て、白カビが生えた

——トマト疫病

梅雨時や秋の長雨の時期など、比較的低温で湿度の高い時期に発生するのが「トマト疫病」です。トマトのほか、ジャガイモ、ナス、ピーマンなどのナス科植物に発生します。

葉に水浸状の斑点ができてしだいに拡大し、大型の病斑に変化していきます。湿度が高い場合は、やがてその病斑上にうっすら白カビが生え、湿度が低いと病斑部分が乾燥して茶褐色になって枯れたようになります。

茎でも同じような症状が現われ、そこから上の部分が黒く枯れます。比較的若い実で発生しやすく、大型で、周りがぼやけた不整形の暗い色の病斑が現われて腐敗します。

農薬による対処は、七～一〇日ごとにプロポーズ顆粒《かりゅう》水和剤、ランマンフロアブルなどの一〇〇〇倍希釈液を散布。JAS有機栽培の人はZボルドー水和剤四〇〇～六〇〇倍希釈液散布か、一〇〇倍に薄めた米酢をたっぷり散布してください。

病原菌が雨水の泥はねによって葉裏に付着することから発病。このため、植え付け時に敷きわらなどでマルチすると、病気の予防になります。また、チッ素肥料などの偏りなどでも発生が助長されるので、ケイ酸カリなどのミネラル肥料の活用は重要です。

QA　うどんこ病

Q　葉っぱに白い粉の降りかかって、だんだん広がっていきよると……

A　**重曹とハチミツの液を、発生初期にたっぷり散布**

「つい最近まできれいな色やったのに、葉っぱに白い粉の降りかかっとる」と、近所のおばちゃんがやってきました。

初めは全体がうっすら白くなり、しだいに葉や、茎の先の花を支えている「花首」が、うどん粉をまぶしたように濃くなっていく、謎の白い粉の正体はカビ。「うどんこ病」と呼ばれ、光合成阻害や、菌によって葉から栄養がとられ、花が咲かない、食味低下、果実が肥大しない、ひどい場合には枯死を招く病気です。

カボチャの葉全面に発生したうどんこ病

【重曹ハチミツ液散布】

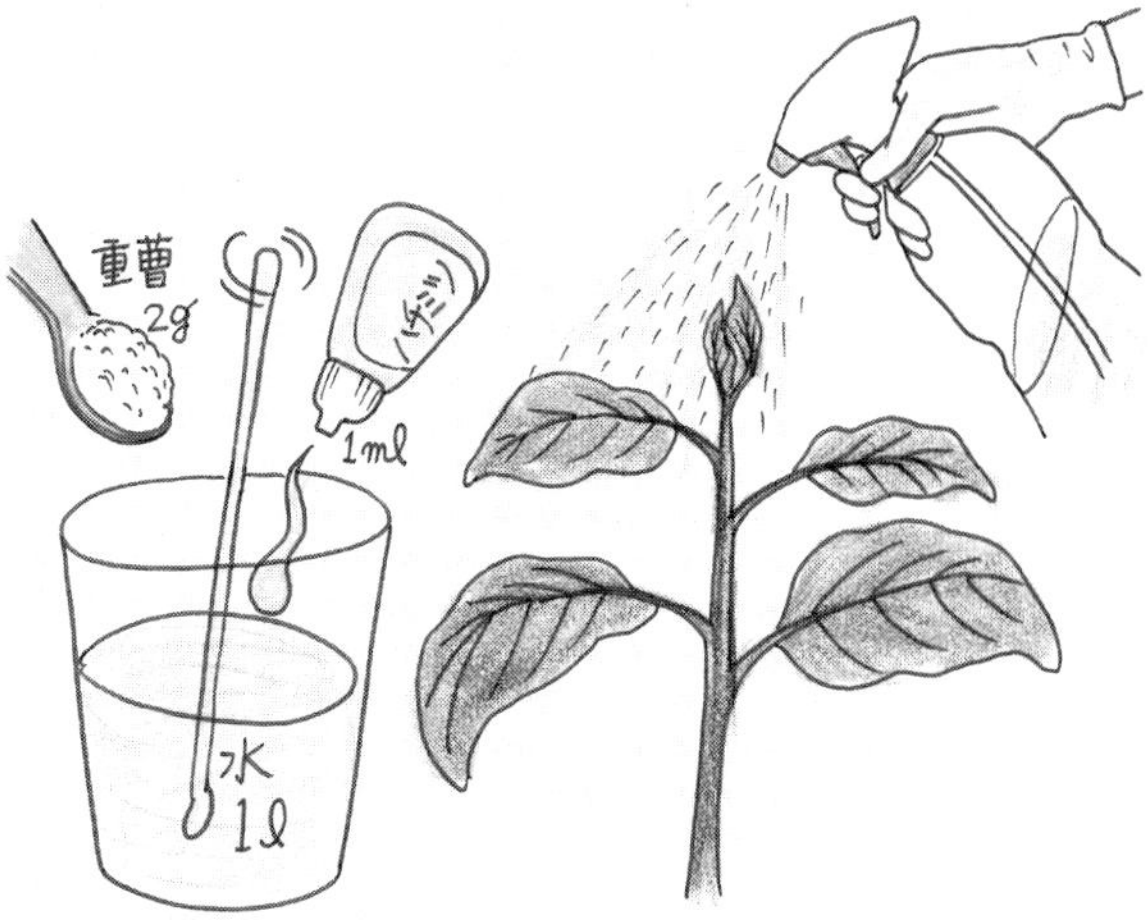

重曹とハチミツを水に溶き、ハンドスプレーで散布する

多くの種類があり、寄生する植物を選ばないものもありますが、カボチャのうどんこ病がウリ科植物にしか発生しないように、多くは決まった植物に寄生します。

乾燥条件で、生きた植物に繁殖

もう一つの特徴は、生きている植物にしか寄生しないこと。植物体の表面で繁殖するため、発病の初期でも肉眼で見つけられます。

高温多湿を好む病原菌が多いなかで、うどんこ病の胞子（いわゆるタネ）ができるのには乾燥した状態が適しています。ただ、胞子の発芽には逆に多湿が必要なので、風通しが悪いと多発します。

時期的には晩春から発生が増え、逆に雨が続くようだと抑制されます。

また、窒素過多で植物体が軟弱化すると発生しやすくなるので、バランスのよい施肥は必須。ミネラル肥料「ケイ酸カリ」の元肥活用や「ホワイトカリウ（ケイ酸カルシウム）」の追肥も予防策としてお薦めです。

重曹とハチミツの水溶液散布

市販の薬剤を使わない防除策では、重曹二グラムとハチミツ一ミリリットルを一リットルの水に溶き、ハンドスプレーなどを使って、病気が発生している部位を中心に、株全体にまんべんなくたっぷり噴霧するやり方があります。

散布のタイミングは、病気の発生初期で、葉の一部に白い粉の斑点が発生したとき。葉一面に発生したらもう手遅れなので、日頃の観察が大事です。

病害防除では、病原菌の胞子形成や発芽を抑える働きがあるのが重曹。野菜や果樹類のうどんこ病や灰色かび病などに対して防除効果があり、病気の発生初期に効果があります。

一方のハチミツは、この重曹を葉や茎にしっかりくっつける展着剤の働きをします。

薬害注意！ 一部で試してから

注意点は、重曹の濃度が高いと、作物の種類によって奇形、硬化、ひどいときには枯死するなどの薬害が生じることです。前もって一部の株に散布し、薬害がないことを確認しておくのがベスト。

また、育苗期や高温時なども薬害が発生しやすいので使用を控えます。このあたりはいろいろ試しながら、自分の技術にするしかないですね。

梅雨時の野菜のヘタレ

野菜の太りの悪か、肥料ばやったら元気になるとかいな……

棒で穴あけエアレーション　土の中に酸素供給

曇天の多い梅雨の時期、「野菜の太りの悪か」「なんか肥料ばやったら、元気になるとかいな」といった相談がたびたびきます。栄養を与えて、元気づけてやりたい気持ちはよくわかるのですが、「ばってん、ちょっと、待ってんしゃい」。

酸素不足で野菜は息も絶え絶え……

梅雨のヘタレは根っこに酸素

植物は人間と同じで健康管理がとても大切。人間でもストレスが多い人や、食事が偏っている人は病気になりやすいですが、植物もまた、他の植物にじゃまされて思うように栄養が吸収できなかったり、枝葉が生えすぎて風通しが悪くなったり光合成の効率が悪くなったりすると、病気にかかりやすくなり、虫がわくこともあります。

日照が少ないこの梅雨時期、植物全体の活性もよろしくありません。当然、見えない土の中の根も、じっとがまんの日々でしょう。こんなときに施肥すると、胃腸が弱り、食欲不振に陥っている病人に無理やりごちそうを与えるようなもの。いくら栄養があっても、消化不良でますます胃腸が弱り、かえって状態が悪化するだけ。

私のお薦めは、土の中に酸素を供給するエアレーションを行ない、植物が本来もっている免疫力を高める方法です。

園芸用の棒を根っこの周りにブスッ！

根の周辺の土に棒をブスッ！

やり方は簡単。根の周辺に、直径二センチほどの園芸用イボ竹などの棒を、二〇センチの深さで、ブスッと土に突き刺すのです。

▽トマト、ナスなどの野菜なら、株と株の間、ウネの肩にそれぞれ一カ所

▽樹木なら、枝が一番伸びているところの真下の地点を四～六カ所

▽芝生の場合は、ドライバーを使い、一〇センチ間隔で、深さ一〇センチの穴をあけてやり

芝生は、ドライバーを 10cm間隔でブスッブスッと刺す

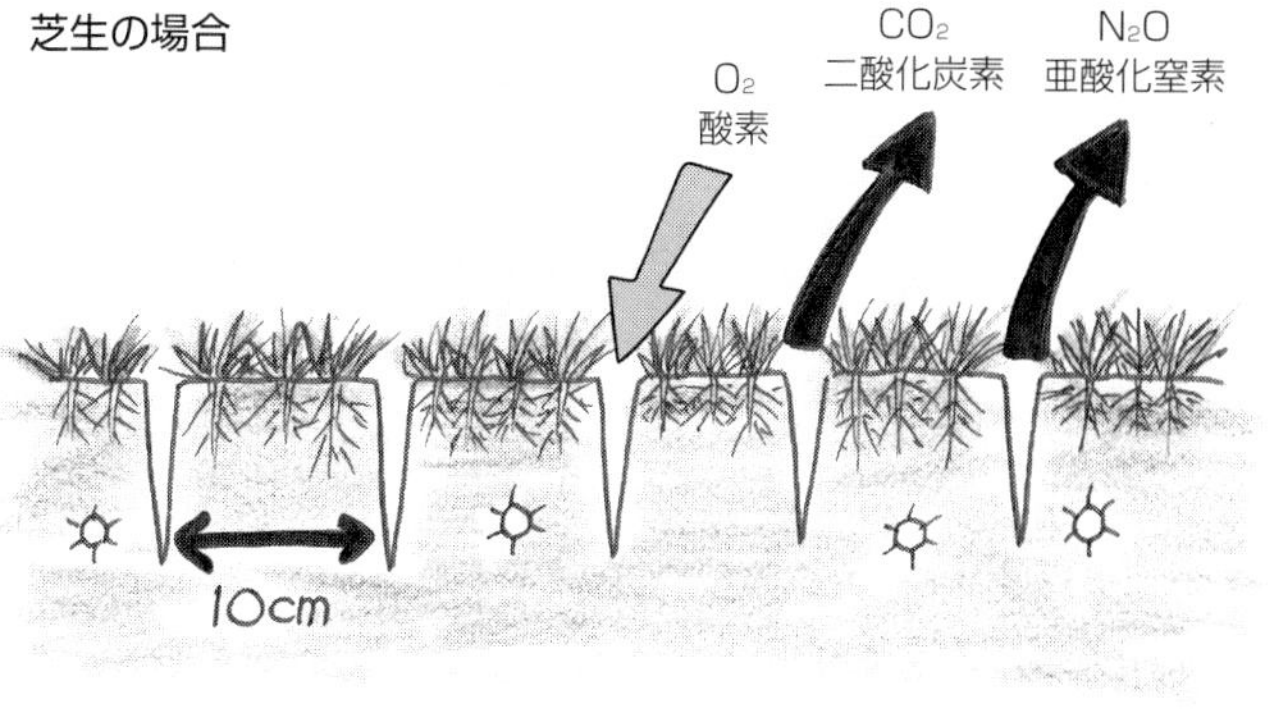

土に穴をあけることで、酸素を補給し、たまっていた二酸化炭素や亜酸化窒素を抜いて、根っこを元気にしてやる

ます

たったこれだけのことですが、降雨などで固くなった表土に穴をあけることで、土中に新鮮な酸素が入るし、一方で、二酸化炭素や、植え付け前に入れた元肥などを微生物が分解するときに発生する有害な亜酸化窒素などのガスが抜ける——などの効果が。

やってみると、土の中にすむ、酸素を好む好気性の有用微生物ちゃんが元気になり、根が生き生きとしてきます。

どのくらいの間隔でやるのがベストかは、植物によって変わりますが、一回でもやれば効果はあります。植物の様子を見て、弱っていると思われたら、土に水がたまっているようなときは避けて、一度やってみてください。土の表面を削るだけでも効果があります。

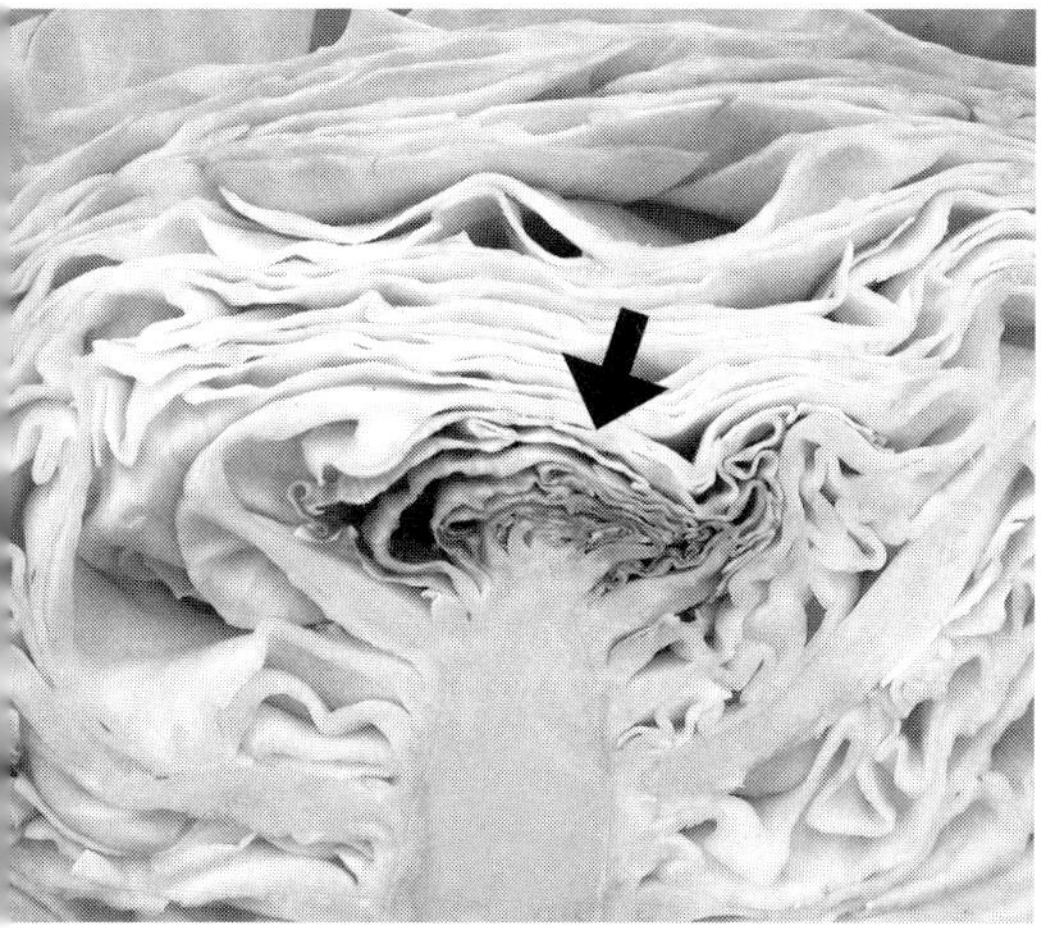

芯腐れ症のキャベツ。中心部の色が変わっている

雨不足による芯腐れ症

Q 割ってみたら、中のほうが褐色に色が変わって腐りよると……

A 水不足による葉のカルシウム欠乏。浅く耕してカルシウム液葉面散布

秋冬野菜でよく起こる生理障害です。苗を植えるときは畑が乾かず、野菜が太り始めたら雨不足……。家庭菜園なら水やりすればいいのですが、面積が広い場合は適当な雨を待つしかなく、降雨不足による生理障害の発生が気がかりです。

「収穫して割ってみたら、中のほうが腐りよると……。何がようなかったと?」

常連のお母さんが持ち込んできたのが写真のキャベツ。水不足のハクサイやキャベツでよく

芯腐れ症のハクサイ

発生する「芯腐れ症」という生理障害で、「あんこ病」とも呼ばれています。外見はまともでも、野菜を割ると、いろんな部位に褐色に変色した葉が出ます。これは病害と違い、外観からわかりにくいため対応が遅れ、収穫後に気づく場合が多いのがやっかいです。
　その部位さえ除けば食べられますが、売り物にはなりません。

水不足で根がカルシウムを吸えない

　直接の原因は葉のカルシウム欠乏ですが、土中のカルシウムは、植物がすぐに吸収できない難溶性であることが多い。このため、土壌中に十分な量の石灰肥料を施したつもりでも、発生する場合があるのです。

　三大栄養素の窒素、リン酸、カリは、植物体にとって「ぜいたく吸収」が可能で、人に例えれば「食いだめ」が可能。植物体内を移動して不足している部分を補うこともできます。

　一方、一気に吸収することができないうえ、植物体内での移動が少ないカルシウム。持続的に根から吸収できる状態でなければならないのですが、水不足だと、定植前に入れた石灰の溶解が不完全で、根から取り込めないことがあるからです。すべての栄養素は水に溶けて吸収されますが、植物体が多くの水を必要とする芯葉の立ち上がり期に乾燥が続くと、さらによくありません。

　また、元肥に堆肥や鶏ふん、油かすなどチッソ成分が多い肥料を入れ過ぎた場合も、カルシウム吸収を阻害する要因になります。

　昼夜の温度差など、適度な環境ストレスは野菜をおいしくしますが、降雨不足は、今から冬の寒さに耐えうる体力をつけたい野菜にはこたえます。

土壌表面を耕し
水溶性カルシウムを葉面散布

　対策の一つが根の力の強化。さらに乾燥が続くと生育が緩慢になって根が老化し、肥料吸収力も低下します。こんなときは早めに株と株の間の土表面を浅く耕す「中耕」を行ない、新鮮な酸素を根に供給することで、根張りをよくし、水分の吸収力を高めます。

　カルシウム欠乏には、植物体がより吸収しやすい水溶性カルシウムであり、植物が必要な分を有効に活用できるカルシウム液「スーパーノルチッソ」を水で一〇〇〇倍に薄め、一週間に一回程度、葉面散布。または、「ホワイトカリウ(ケイ酸カルシウム)」を株元にまいておくと、雨水に溶けてカルシウム補給ができます。肥料不足には栄養剤として有機液肥「エコアース」二リットル入りを水で五〇〇倍に薄め、株元に一週間に一回程度流し込みます。

　周囲が「今年はだめ」というときによくできている人は、そうした準備ができている人。それもまた、野菜作りの妙味ですね。

カルシウム液を１週間に１回程度、葉面散布するのも有効

トマト・ピーマンの尻腐れ症

Q 熟れたトマトば収穫したら、尻の黒うなっとった
たくさん肥料ば入れているのに、腐れたらなーもならん

A 二つの裏技「枝切り」、「石灰＋食酢発泡液」散布

「赤く熟れたトマトば収穫したら、尻の黒うなっとった」

「たくさん肥料ば入れとうとに、腐れたらなーもならん」

家庭菜園で人気のトマト・ピーマンだけに、常連さんからだけでなく、毎年寄せられる嘆きの声です。

野菜や果物の果実のお尻部分（厳密にいえば果実の先端部分）が黒く腐る「尻腐れ症」。トマトやピーマン栽培でよくある症状です。

尻腐れ症にかかったトマト

病気じゃなくて石灰欠乏

原因は病原菌などではなく、主にカルシウム（肥料としては石灰）不足による生理障害です。

トマトの場合、果実の急激な肥大にともなってカルシウムが必要になります。根から吸い上げられたカルシウムは茎から葉、果実のへた、お尻へと移動するのですが、この流れが滞って、供給が追いつかないときに発症。必ずしも株自体がだめになるわけではありません。

植物にとってカルシウムは、細胞壁を構成する重要な成分。土に施したカルシウムは、根から養水分とともに吸収されて蒸散流に乗り、茎から葉、実など各器官へ移動します。

トマトは比較的カルシウム要求量が少ないのですが、元肥に油かすなどの窒素成分が多すぎたところに、ホウ素やケイ素の欠乏が重なると、カルシウムが移動しにくくなって発症することがあります。

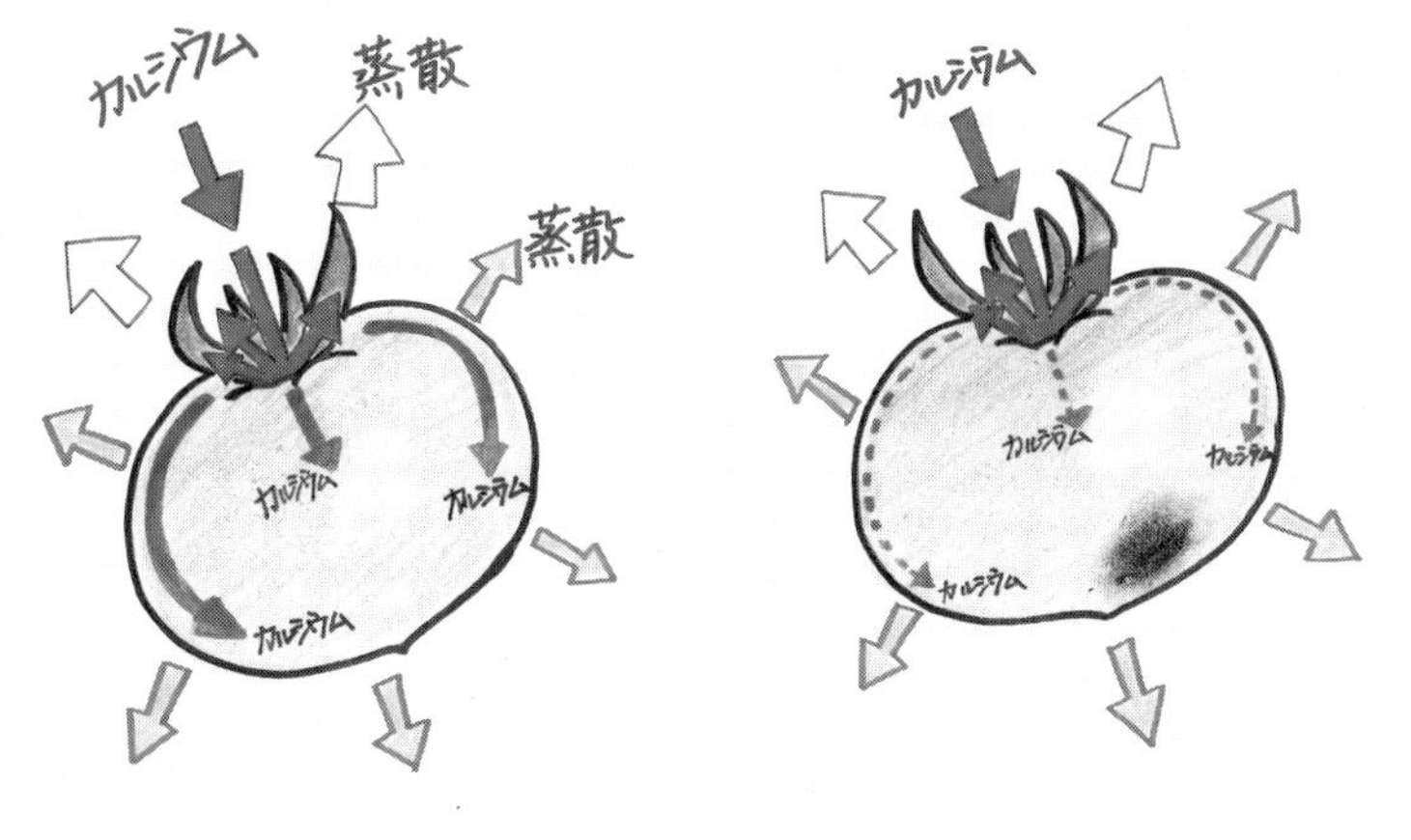

果実のお尻のほうまでカルシウムがいきわたらず、「尻腐れ症」を発症したトマト（右）と理想的なトマト

これ以外の発症要因は大きく分けて三つあります。

発症を助長する三つの要因

●定植のとき石灰が施されていない

土壌酸性度が適正でないといけません。土作りの段階で畑に石灰を入れ、畑の土をpH六〜六・五にしておくことが大切です。

【尻腐れを助長する３要因】
その１　石灰をやっていない
その２　窒素が多すぎる
その３　水のやりすぎか水不足

●追肥に窒素成分が多すぎる

適切に石灰を入れたのに尻腐れ症が発生したら、追肥中の窒素成分過多の可能性があります。

成長に欠かせない窒素成分も、過剰にあると根からのカルシウム吸収を妨げます。もしそうなら、葉や茎（枝）が異常に繁茂する特徴的な生育異常が現われます。追肥で石灰を施せば、それ以降の発生を抑えられる場合があります。

●水管理の失敗

カルシウムも窒素成分も適切なのに、尻腐れ果が出たら、水管理に問題があるかもしれません。

南米ペルーを中心とした、アンデス山脈の高原地帯が原産のトマト。そこに日本のように豊富な水はありません。もともとトマトはそうした風土でも生きていけるよう進化してきた植物。日本の風土に合うよう品種改良されても、基本的な性質はそう変わりません。

土がカラカラになるまで水を与えないのは論外ですが、トマトは基本的にやや乾燥ぎみに育てるほうが、甘みと酸みのバランスのよいおいしい果実ができます。

水を与えすぎていないか見直すと、症状が改善する可能性があります。

即効性のケイ酸カルシウム肥料「ホワイトカリウ」

追肥なら即効性カルシウムで

追肥として与えるカルシウムには、主に土に施すタイプと葉面散布するタイプがあります。前者でお薦めは、ホワイトカリウ（ケイ酸カルシウム）です。即効性のカルシウム肥料で、一カ月おきに株元に一坪当たり八〇グラムを土の上に振ってください。

ただ、問題はカルシウムを施したとしても、根から養水分に乗って移動しますから、必ずしも補いたい果実だけに優先的に届くわけではありません。そこでご紹介するのが、果実にカルシウムを送り込むための奥の手です。

果実にカルシウムを送り込む裏技

裏技の一つ目は「トマトの花やつぼみに最も

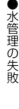

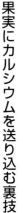

裏技１　花やつぼみに最も近い枝を
１本切り落とす

近い枝を一本切り落とす」です。簡単でしょ。

果実は必ず花が咲いた後にできますよね。だから、そのすぐ近くの枝がなくなれば、本来その枝葉で消費される分のカルシウムが、果実となる部位に多く届くのです。

小さな果実ができ始めてからでも有効なので、ぜひお試しください。ちなみに、枝を切り落とすときは、切り口から病原菌が侵入しないよう、風のない晴れた日の午前中に作業を行なってください。

カルシウムとミネラル同時補給の裏技

もう一つの裏技が、カルシウムとミネラル補給を一度に済ませる裏技です。

カキ殻石灰「シーライム」を、食酢かクエン酸に入れると発泡し、酢酸カルシウムやクエン酸カルシウムになります。

この状態のカルシウムは、植物に吸収されやすく、葉面散布すれば、植物体が素早く吸収、細胞壁が丈夫になりますから、病害にも強くなります。

加えて酢の成分が、植物が光合成で作り出すエネルギーの代わりをしてくれますから、効果的な栄養剤にもなります。

用意するのは、五〇〇ミリリットルのペットボトル、食酢一〇〇ミリリットル、シーライム五〇グラム。混ぜると一気に発泡しますので、ペットボトルの栓は絶対に締めないように。

発泡は二～三日で終了。あとはその上澄み液を水で五〇〇倍に薄め、霧吹きで葉にたっぷり散布します。

その後は、一週間に一回程度の割合で葉面散布をすればOK。カルシウムが果実にスムーズに流れ、トマトが生き生きとなります。ピーマンやキュウリなどに使ってもいいので、お試しください。

目立って効果が現われますから、つい短期間に何回も使いたくなりますが、過剰散布すると葉が硬くなったり、葉の緑が黄色く変色したり……。

なにごともほどほどが肝心です。

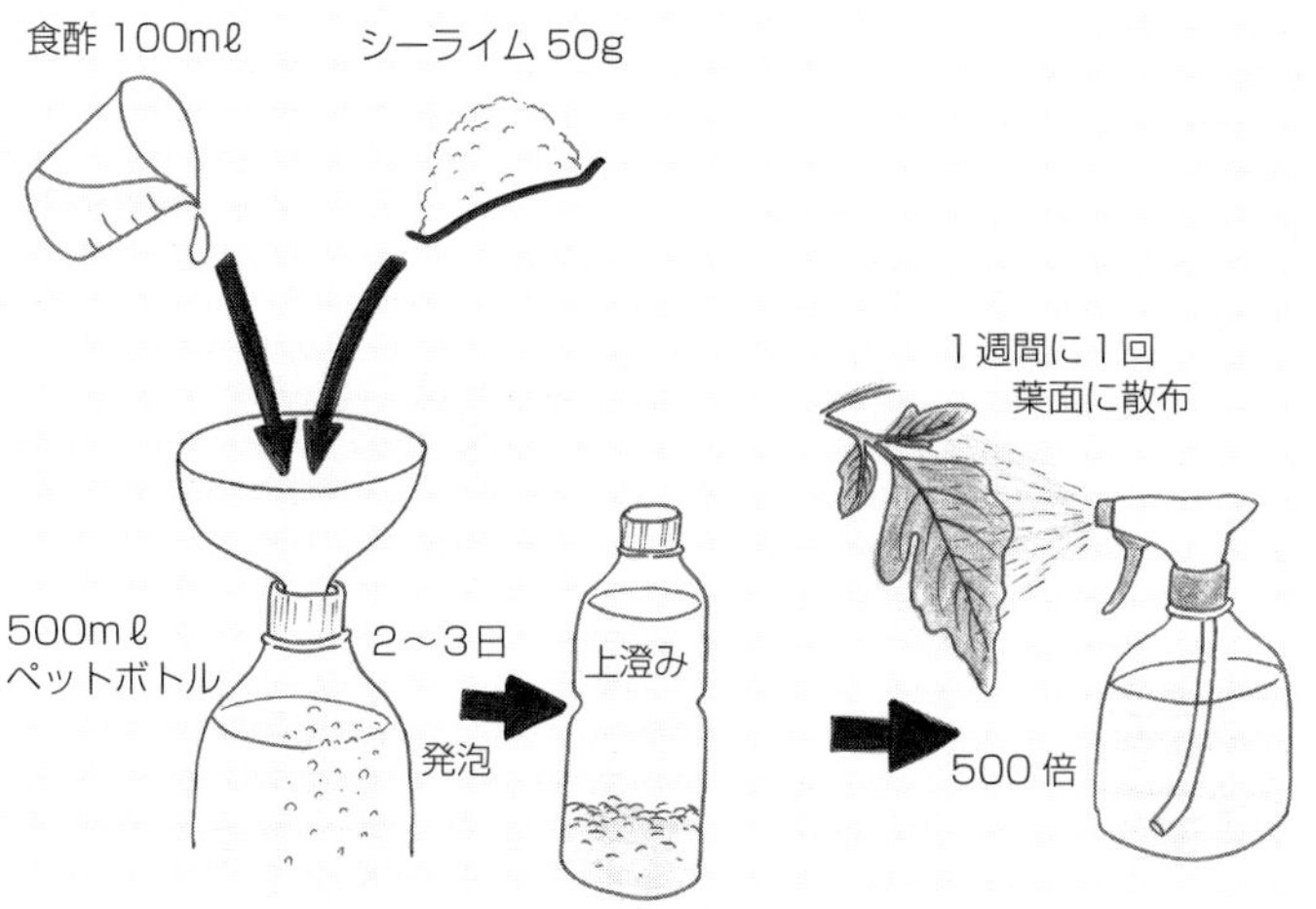

裏技２　カルシウムとミネラルの同時補給

上澄み液を500倍に薄め、霧吹きで葉にたっぷり散布する

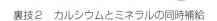

葉っぱの朝露 なぜ?

葉の先に水滴がついていて、乾くと白い跡の残っとるのは、なんで?

露は元気のバロメーター　有機石灰とケイ酸カリ散布がいい

二種類ある朝露

天気のよい早朝、キャベツ畑に行くと、葉の先にいっぱい水滴がついていることがあります。いわゆる朝露ですが、これには二種類あるってご存知ですか。

晴天の朝、放射冷却によって葉の表面から熱が奪われて空気より温度が下がると、湿った空気の凝固が始まり、露がつきます。この露の成分は純粋に水ですが、今回のテーマはもう一つの露のほうです。

日中、光合成をする過程で植物は葉から水分を蒸散し、土中の養水分を根から吸い上げます。夜は光合成は停止しますが、元気な根が呼吸エネルギーで吸った養水分が、根圧でどんどん上のほうに押し上げられて葉の先端から飛び出し、水滴となるのです。

これを難しい言葉で、「溢泌（いっぴ・いっぴつ）現象」と呼びます。この溢泌液は植物の導管を通ってきているため、さまざまな栄養素がイオンの形になって溶け込んでいます。朝露が乾いた後、葉の先端にうっすらと白い跡が残っていたら、それは溢泌液の証しです。

溢泌現象が起きたキャベツの葉

養分リサイクルの元気システム

おもしろいのは、水分を出す「水孔」周辺の細胞には、溢泌液の中からもう一度必要な栄養を植物体内に取り戻す仕組みが存在すること。人間のように、なんでもごみにして捨ててしまうようなもったいないことはしません。

すべての作物に該当するわけではありません

【溢泌現象が起きる仕組み】

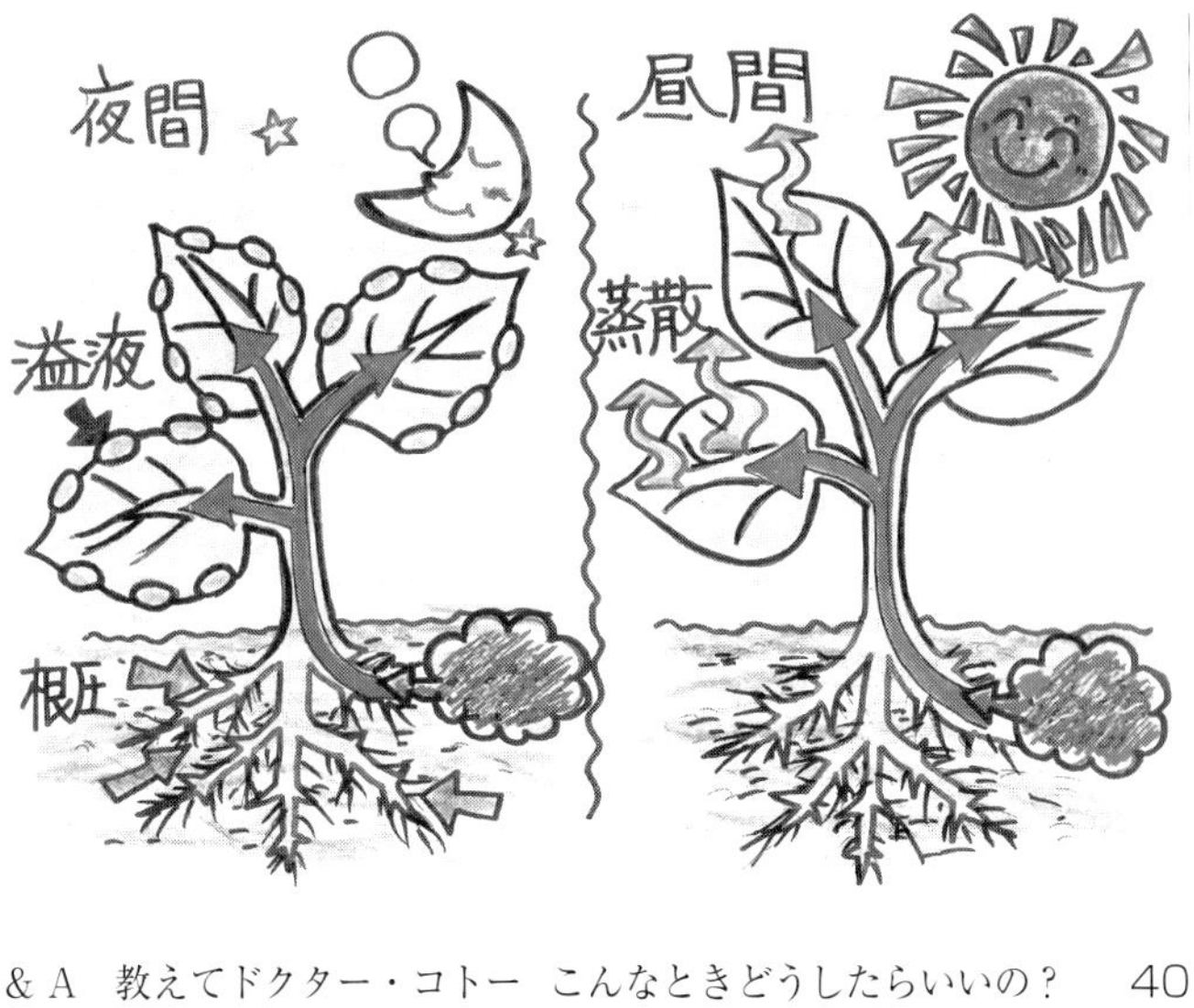

が、体内の過剰水分を排出していると考えられている溢泌現象は、根の元気さと、土の中にバランスよくミネラルがある証拠ともいえます。では、健康野菜のバロメーターといえるこの現象が起きるような野菜を作るにはどうするか。

有機石灰＋ケイ酸カリでパワーアップ

私は、カキ殻を原料に製造した有機石灰「シーライム」と、ケイ酸カリを七対三の割合で混ぜ、一坪当たり八〇グラムを散布する方法を提案しています。

散布時期は春。特に立春以降、植物は春に向かい緩やかに育ち始めます。ミネラルが雨などでゆっくりと土に溶けだせば根が丈夫になり、ガチッと締まった生育で病害虫に強く、保存性も向上。うまみも増します。

まくときは、タマネギやニンニクの葉には頭から直接、ブロッコリー、エンドウ、ホウレンソウに与えるときは株元へ。パンジーやナデシコなども株元にまくと、きれいな花がいちだんと輝きます。

AQ トウ立ち

ダイコン切ったら芯が硬くて食べられん、ハクサイの芯に花が咲いとった……

低温、日長、栄養不足……原因はいろいろです

「立派に育っとうダイコンを切ったら、芯が硬くて食べられん」

「ハクサイば半分に切ったら、芯に菜の花のようなものが咲いとった」

春三月、日も長くなり暖かくなってきたなと感じる時期になると、診療所の常連さんのそんな嘆きが聞こえてきます。

いわゆる「トウ立ち」です。

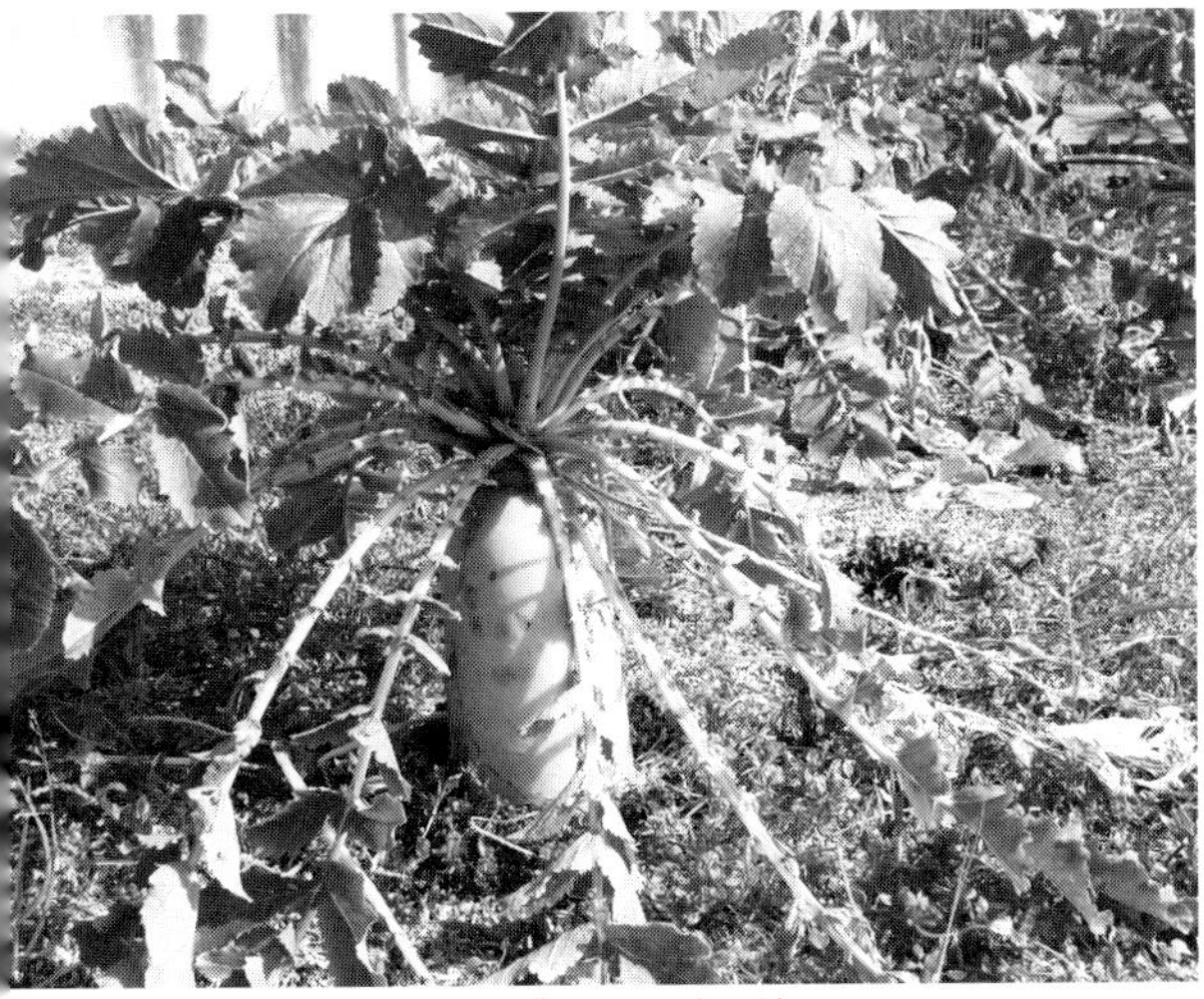

見た目は立派なダイコンだけど……

トウ立ち・不時出蕾

「トウ立ち」のことを専門用語では「抽苔《ちゅうたい》」、不時の「トウ立ち」を「不時出蕾《しゅつらい》」、「不時開化」ともいいます。葉を食べたり根を食べたりする野菜では、花が咲いて野菜の食用部分の利用ができなくなるため、品質が著しく低下してしまいます。上の写真のダイコンも、放射状に広がっている葉の中心に、次ページの写真のように、菜の花のつぼみのような塊がありました。

花を咲かせて実をつけ、子孫を残すために生きているのが植物ですから、いずれそうなるのは必然。でも、栽培途中で発生する意図せざるトウ立ちは、何らかのストレスで危機感を覚えた植物が、早く大人になろうとして発生する現象と考えられています。

トウ立ちの原因は？

トウ立ちする要因は、温度であったり、日長であったり、養分であったり、野菜によって異なります。代表的なものを見ておきましょう。

①温度

発芽したとき、低温に感応したケース。ダイコンやハクサイなどアブラナ科野菜の、主に春まきで問題となります。

葉の付け根部分にはつぼみが（トウ立ち）

同じ低温でも、秋まきのキャベツやタマネギは、ある程度成長した苗が冬の寒さに当たるとトウ立ちすることがあります。

一方、レタスは高温に反応します。

ミズナなどのアブラナ科も、寒さが連続的に続く冬場に、たった一日春の陽気に見舞われると、それがトウ立ちの原因になることがあります。

②日長

ホウレンソウの場合、日が短くなる秋冬まき用のタネを、間違って春にまいてしまうと、日が長くなる（長日）ために花が咲いてしまいます。

秋まき用のタネの残りを保存していて、それを春にまいたためにトウ立ちさせてしまったという失敗は後を絶ちません。

③肥料切れほか

タマネギは、生育後半に肥料切れするとトウ立ちし、俗にいう「ネギ坊主」が現われます。

トウ立ちを防ぐには

自然状態で栽培する露地野菜は、栽培期間中の寒暖差や過乾燥など、天候の変化については手の施しようがありません。でも、肥料切れやタネまき時期の選択ミスは人の手である程度防げます。

①晩抽性や耐暑性品種を選ぶ

近年は品種改良も進み、日の長さに左右されにくく、トウ立ちしにくい晩抽性ホウレンソウや、低温期でも温度感受性が低いダイコン、高温期でも花が咲きにくい耐暑性レタスなどの品種が開発されていますから、それを選ぶのも対策の一つです。

②生き生きとした根圏環境作り

ただ優良品種といっても、日照不足や降雨不足、暖冬などの異常気象への対応は、プロでもきわめて難しいのが現実。ただ一ついえるのは、根が常に生き生きしている環境をつくれば、いろんなストレスに耐える力が働くことだけは間違いないようです。

香味野菜の香りが弱い

Q 近ごろ、タマネギもダイコンも辛うなくなったばい

A 硫黄を含む肥料や硫黄粉末を使うと効果的

肥料の三要素は窒素、リン酸、カリですが、意外と重要性が知られていないのが硫黄。

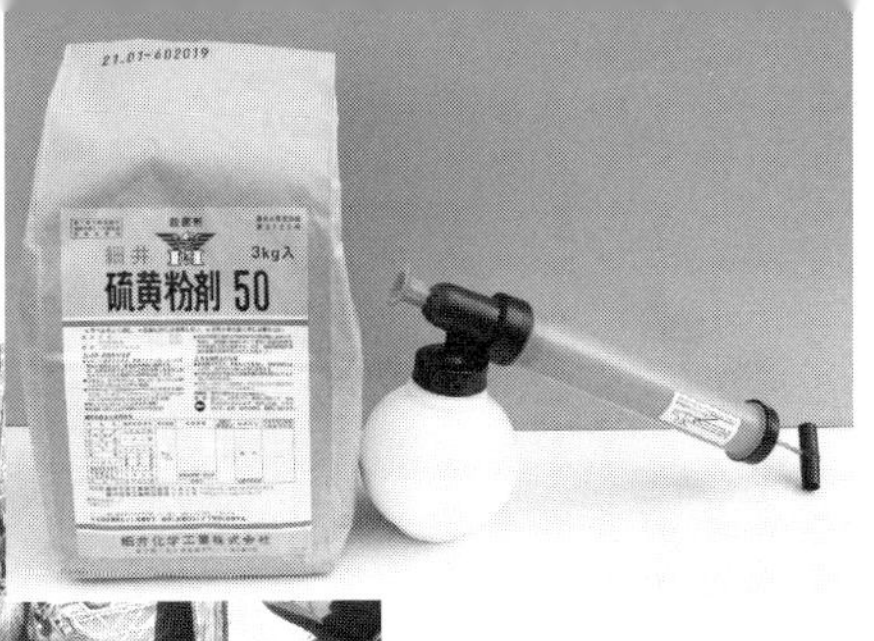

硫黄粉剤と専用の散粉器

硫黄粉の葉面散布で病害予防

タマネギやニンニク、ダイコンなどの香味野菜の特徴である独特の強い刺激臭や辛み成分は、植物が合成した硫黄化合物です。タンパク質やビタミンB_1、B_7、脂質などを作るのに欠かせない硫黄。植物体内には、土壌から吸収された相当量の硫黄がイオンの状態で存在し、重要な役割を果たします。

火山や温泉から多量の硫黄が放出される日本、これまで硫黄欠乏症は出にくいといわれてきました。

硫黄は欠乏状態にある

硫黄が欠乏すると、

▽香味野菜では香りや辛み成分が不足
▽窒素欠乏と同様、下の葉から順に黄色く変色したり、順調に育たなくなる
▽コムギではタンパク質の量が少なくなり、膨らみの悪いコムギとなる
▽ナタネでは油の含有量が低下

といったように、質・量ともに影響を受けます。

したがって、これらの作物には硫安、硫酸カリ、硫黄コーティング肥料など、硫黄を多く含む肥料の施用や、「硫黄粉剤」などを適切に補う必要があります。

硫黄粉をうまく使って

硫黄粉は有機JASで認められた登録剤。散布すると、微量ですがガス化して硫化水素に。植物に優しく作用するのが特徴で、安全な病気予防法です。

イチゴ栽培ではこのメカニズムを利用し、ハウス内で硫黄成分を高熱で揮発させることで、「うどんこ病」を抑えます。

家庭菜園で硫黄を使う場合は、散粉器「サンプラー」に硫黄粉を入れ、野菜に直接吹きかけるのがお薦め。すべての野菜で、うどんこ病などの病気予防や、香りを強くするなどの効果が期待されます。

予防効果を高めるため、一坪当たり一〇グラムを目安に、月一～二回散布を。ただし、高温時（二八度以上）の散布は避けてください。葉の変色などが起こりやすくなります。

マルチって効果はあるの？

いろんな色があるばってん、なんか違うとですな？

マルチの種類と使い分けのコツ

ウネを被覆して作物を栽培するのが「マルチ栽培」。天然素材の敷きわら、敷き草、もみ殻などで土を覆うのもマルチ、近年ではポリエチレンフィルム製のマルチがいろいろと開発されています。

来店された方から、「ナスば育てるとに、何でマルチばしたほうがよかとですな？」「マルチしたら追肥のでけんめーもん」など、今でも使い方の相談がよくあります。

マルチのメリット

マルチでメリットとして見込まれるのは

①地表面から土壌水分の蒸散を防ぐ「乾燥防止」

②地表面に太陽光が当たらない素材なら「雑草の発生抑制」（除草剤を使わなくて済む）

③降雨時の泥のはね上がりを防ぎ、作物が汚れにくくなることで「土壌病害の発生抑制」（特に地面に接触するスイカやウリなど）

などの効果。

さらに、地温をコントロールすることで、生育温度に適応した野菜の周年栽培も可能となります。ウネまで覆うため、雨による土壌養分の溶脱も起こりにくくなります。

マルチの種類と効果の違い

こうした効果は、マルチの素材と大いに関係します。例えば、太陽熱によって地温を上げる効果が高い色は、透明→緑→黒→銀→白の順です。太陽光を通す透明マルチは地温上昇効果が大なので、作物のために地温を上げたい春先には適していますが、夏場は地温が上がりすぎて好ましくありません。

また、透明や色が薄いものは、マルチの下で雑草が生えるため、マルチが持ち上がることも。真夏だと、熱で雑草が枯死する可能性もありますが、ビシッと張っていないと、マルチが風で飛ばされやすくなります。

黒マルチは、マルチ自体の温度は上がりますが、地面まで熱を直接透過しないので、地温上昇効果は低い。ただ、マルチの下の雑草は光合成できないから、雑草抑制効果は大です。

緑マルチは、地温上昇効果が透明と黒色の中間。雑草抑制効果は高めです。

白や銀のマルチは、反射性の高さが特徴。太陽の反射光で、葉の裏側に隠れているアブラムシ類の居場所をなくしたり、光の当たりにくいリンゴのお尻の部分を赤くしたりするのにも使われます。地温の上昇を避けたい場合にもお薦めです。

ウネを平らにぴったり張る

ポリエチレンフィルムを使ったマルチは工業製品なので、比較的安価で品質も均一なのが特徴。色の違いのほか、幅や穴の有無、素材の質などによって使い分けます。

ウネの平らな部分と、両サイドの裾の部分の埋めしろを確保できる長さが、必要な幅。張るときは、マルチを地面にしっかりと固定することが重要です。

ポイントは、マルチを張る地表面が極力平らであることと、その表面にぴったり張り付くよ

キュウリでのマルチ栽培
草取りの手間が省けてラクラク

うにマルチを張ること。地表面が凸凹だと、マルチと接地面に空気の層ができ、強風などでマルチが剥がれて野菜を傷つけたり風で飛んで、周辺に迷惑をかけたりすることがあります。

マルチを固定するには、再利用できるマルチ押さえクリップ「黒丸君」（写真）がお薦めです。

張り終えたら、タネをまいたり、苗を植え付けたりするための穴をあけます。既製品の穴あけ器（写真）もありますし、空き缶で手作りする手も。タマネギやニンジンなら、あらかじめ等間隔の穴があいているマルチを使うと便利です。

ポリフィルムの欠点は、使用後にはごみになって、適切な回収と廃棄が必要になること。少々割高（値段は約一・八倍）ですが、生分解性プラスチックを使用したマルチを使えば、最終的に土の微生物によって二酸化炭素と水になるので環境に優しいです。

追肥のテクニック

また、連続で実をつけるナスやキュウリ、ピーマンなどは常に肥料を補給する必要がありますが、ウネを覆っている分、追肥にはテクニックがいります。

①ウネの端部分のマルチをはぐって追肥する
②ウネの表面にカッターで手が入るくらいの切り込みを入れて追肥。その後、風対策と水分透過のため、その切り込み箇所の上に土をのせる
③表面に深さ一五センチ、鉛筆の大きさの穴をあけ、マルチの上に追肥。降雨などによってその穴から養分が流れ込むようにする

など。

そんな欠点があっても、総合的に見れば、小さな家庭菜園でも、除草の手間などが格段に省けるマルチを利用しないのはもったいない、というのが私の結論です。

市販の穴あけ器

マルチ押さえ「黒丸君」

ポリマルチフィルムにはいろんな種類がある

マルチの種類と特徴

マルチの種類	地温上昇	抑草	害虫忌避
透明	＋＋＋	－	－
グリーン	＋＋	＋＋	－
黒	＋	＋＋＋	－
シルバー	±	＋	＋＋
白黒ダブル	－	＋＋＋	＋＋
無被覆（露地）	±	－－	－－

樹木のコケ

樹の幹に五〇〇円玉くらいのカビの生えとるとたい。そのままにしといてよかとね？

樹が弱ってきた証拠　株元エアレーションと環境改善

木枯らしが吹く時期、よくあるのが「梅の木の幹のところどころに、五〇〇円硬貨くらいの大きさの、薄青いカビのごたるとがいっぱい生えとるとたい」といった相談です。

見た目はコケ、中身は菌類で内部は藻

樹皮につくコケの正体は「ウメノキゴケ」。地衣《ちい》類といい、菌類と藻類とが共生する植物の総称です。見た目はコケ、中身は菌類で内部は藻。藻が光合成を行ない、菌類を助ける共生関係にある変わった植物です。

大気汚染が進行すると発生しない地衣類は、環境変化の指標でもあります。公園の樹木を見ると、交通量の差によって表通り樹木には地衣類が着生していない、といった現象がたやすく観察されます。しかし、「うちはコケが付いていた」と喜んではいけません。木は元気なとき、新しい樹皮と入れ替わります。年をとってくると、だんだんと樹皮の入れ替わりが遅くなります。よく「コケがつくから木が弱る」といわれますが、「木が弱って成長しないためにコケがつく」のが本質です。

株元に空気　腐葉土などで環境改善

株元周りの固くなった土に穴をあけて新鮮な酸素を供給するエアレーション（→三四ページ）、腐葉土などの有機物や有機液体肥料の投与などで庭木の環境を整え、本来の樹勢回復を図ることが大切です。

農薬は、広範囲な菌類に効果のあるベノミル剤二〇〇〇倍液と、藻類に効果のある銅剤五〇〇倍液に展着剤を加えて散布するか、硫黄を含む農薬（石灰硫黄合剤など）の散布がお薦め。

有機的な応急措置では、食酢を一〇〇倍に薄めた液の散布を数回行なうと地衣類は枯死しますが、なかなか樹皮からは剝がれません。水圧で洗い落とす荒業も、圧力の加減・調節が必要であるうえ、皮もかなり剝げる可能性があるので、樹種によって注意が必要です。

まずは樹木の衰退原因です。周囲をよく観察し、通風、土壌などの原因を調べることが根本的な解決につながります。

樹皮につくウメノキゴケ

生垣（レッドロビン）の急な落葉

急に葉に斑点が出て、葉がポロポロ落ちてどうしようもなか……

梅雨入り前にやっておく四つのお手入れ

生垣や庭、高速道路の中央分離帯などでよく見かけるレッドロビン（ベニカナメモチ）。燃えるような赤い新芽の美しさが人気ですが、「急に葉に斑点が生じ、ポロポロと葉が落ちる」という相談が急増中。

これは、葉に生じた赤や茶色の斑点がだんだん拡大して、落葉を繰り返すうちに新芽が出なくなって枯れる、「ごま色斑点病」。糸状菌というカビの仲間による病気で、感染力が非常に強く、一度多発すると毎年発生を繰り返すのもやっかいです。

カビが原因のごま色斑点病

病気が発生したお客さんに、「堆肥や肥料ばちゃんとやりよるですか？」と聞くと、大半は「なーんもやりよらん」。

赤い新芽が特徴のレッドロビン

梅雨入り前の四つの防除対策

その1　病葉や枯れ葉の速やかな除去。カビの胞子がついた枝葉が風で移動すると、それが感染源となり、雨や雨によるはね上がりで伝染するからです。

その2　病原菌の活動が活発になる新芽の伸長時期から梅雨前にかけての薬剤散布。適期に症状にあった薬剤を散布しないと効果は出ません。また、同一薬剤を連続使用すると、カビに耐性ができてしまいます。

その3　採光、風通しをよくする。風通しや日当たりが悪いと原因のカビが繁殖しやすいので、梅雨や秋雨などの前に、剪定や株元の掃除、除草を行ないます。八月のお盆前後に浅く刈り込めば、秋には燃えるような赤い新芽が目を楽しませるでしょう。

その4　土の改良と初期防除。レッドロビンは比較的肥沃な土壌を好みます。住宅地などはほとんど土の栄養がないので、土壌改良材を株元にすき込んで樹木に勢いがつけば、病気にかかりにくくなります。

土壌改良は、一坪当たり腐植酸「アヅミン」一〇〇グラムとバーク堆肥（樹皮堆肥）三キロ、有機配合肥料三五〇グラムを混合した肥料を与えてください。

防除剤は、ベンレート水和剤二〇〇〇倍希釈液、またはトップジンM水和剤の一〇〇〇倍希釈液を一坪当たり一・五リットル散布してください。病状が進行している場合は、炭疽病防除との同時散布でアンビルフロアブルの一〇〇〇倍希釈液を同量散布。発生初期の散布はなおよし、です。

その後は、食酢一〇〇倍希釈液の定期散布で予防効果を高めます。

プランターの土再生法

使い終わったプランターの土は、捨てるしかなかと？　もったいなか……

プロが薦める　使用したプランター培土のよみがえり術

野菜や花を咲かせた後のプランターの土はどうしていますか？

お客さんにたずねたところ、「捨てるとはもったいなかけん、根ば抜いたら、新しか土ば足して、また植えようと」との返事でした。

再利用するのはいいことなのですが、ちょっとしたコツがあります。

古い土は必要な養分が吸収されているだけではなく、たいてい植物には不必要な老廃物や根の分泌物、コガネムシやネキリムシなどの害虫の卵や、悪玉菌のカビなどが含まれている危険性が高いからです。

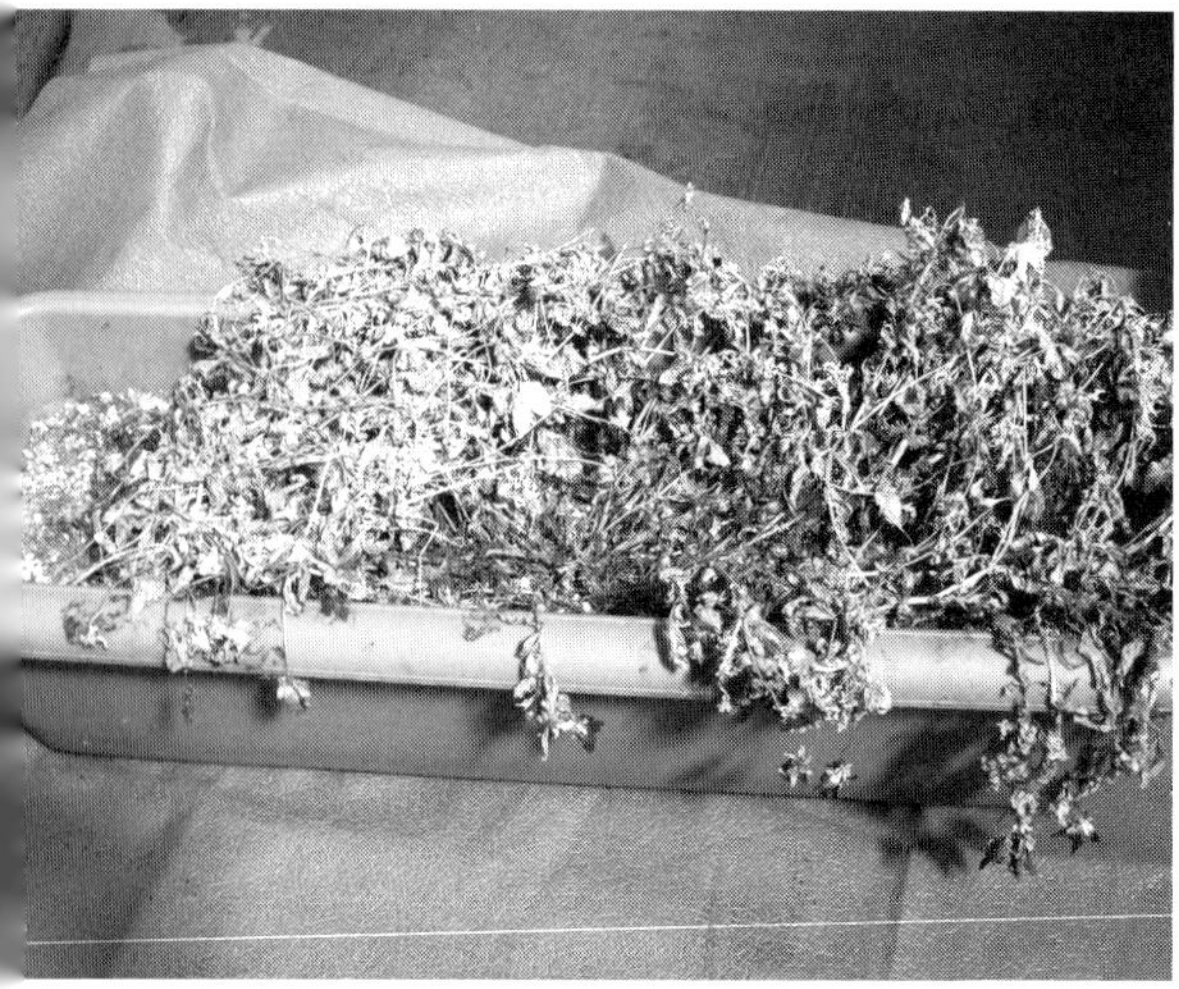

枯れたプランターの草花

第一段階　土をきれいにする

①古い根などを取り除く

最初に行なうのは、土の中に残っている余分なものを取り除く作業。ブルーシートや新聞紙を広げ、その上にあらかじめ乾燥させておいたプランターの土を広げ、古い根や枯れた茎葉、虫などをていねいに取り除きます。鉢底石も取り分けて、きれいに洗って天日干しします

次に「ふるい」を使って、ごみや根っこ、根づまりの原因や、排水性や通気性の悪さにつながる微小な土を取り除きます。

この作業は、「荒目」「中目」「細目」と目の異なる三類がセットになった園芸用のステンレスのふるいがあると便利です。中目と細目の網を重ねて土をふるいにかければ、目づまりを起こしたりする粒の小さな土が下に落ちて取り除くことができます。ちょっと面倒かもしれませんが、やるとやらないとでは、あとで植物の成長に差が出ます。

②ポリ袋に入れて太陽熱消毒

次は土の太陽熱消毒。気温が高い五～十月の時期には特に効果があります。

まず土を湿らせて、ポリエチレン袋（黒い袋でも可）の中に入れて密封し、直射日光の当たる場所に平らにして置きます。ときおり、袋の上下をひっくり返します。土の上より温度が高くなるコンクリートの上なら、さらに効果的です。夏なら一週間程度で十分でしょう。土の温度が高くなることで、袋の土の中にいた害虫や病原菌は駆除されます。

この方法は直射日光で土を蒸し焼きにするので、袋につめるときに、じょうろで適度に水をかけて土を湿らせておくのがポイントです。

これでプランターの土再生第一段階が終了ですが、これでＯＫというわけではありません。熱によって悪玉菌や害虫だけでなく、善玉菌も

1 プランターの土をほぐして根などを除去

2 ふるいで根などを取り除く

黒いポリ袋でもよい

3 ポリ袋に土を入れて暑いところで１週間ほど太陽熱処理

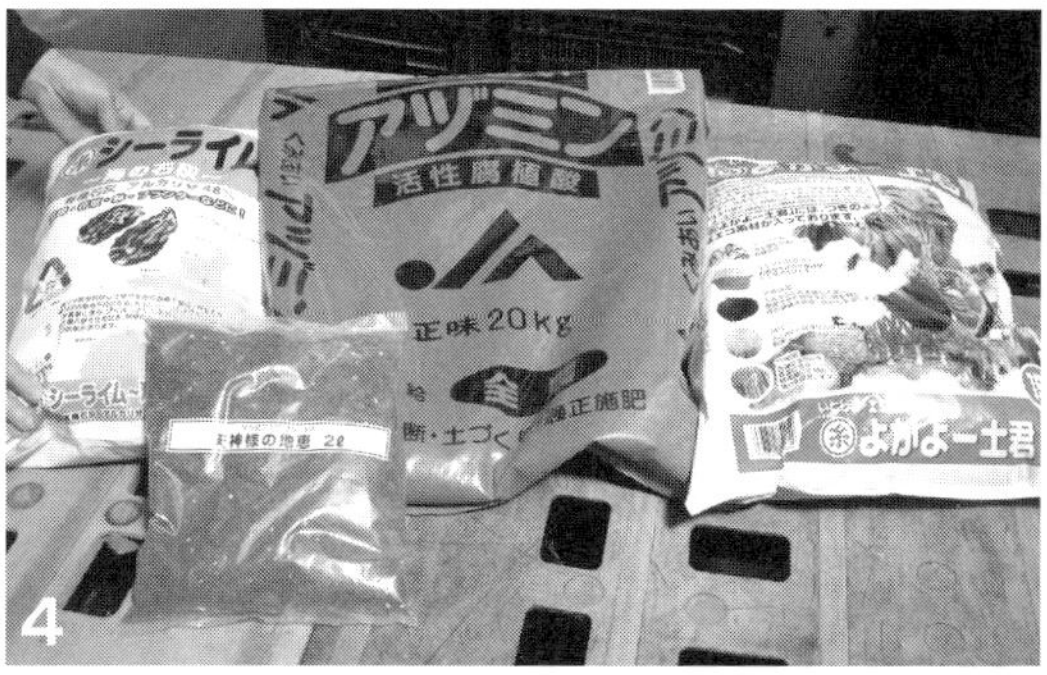

4 土再生に用いる肥料

5 土を戻して肥料を補う

6 堆肥を施す

死んでしまうからです。そこで、第二段階の土に地力を取り戻す作業です。

第二段階　土に地力を

ここでやるべきことは、①土の中で活躍する微生物の補給、②根が環境を整えるための腐植酸の補充、③作物に吸われたり土から流れ出したりしたミネラル類の供給です。

より具体的なほうがわかりやすいと思うので、ここからはアグリに来られたお客さんに紹介するレシピの商品を紹介しますが、原理は同じなので、お近くの農協や園芸店、ホームセンターで類似商品をさがして使ってみてください。

①微生物資材の補給

お薦めは、福岡市・天神のレストランから出る生ごみを高速・高温発酵させた、ＪＡ糸島オリジナル微生物資材「天神様の地恵」。たっぷりと含まれている有用微生物が、連作障害の要因となるカビ類を抑えてくれます。

②腐植酸とミネラルの補給

腐植酸は、活性腐植酸「アヅミン」、ミネラルはやはりＪＡ糸島オリジナルのカキ殻石灰「シーライム」をお薦めしています。

これらの資材を、土一リットルに対して二グラムを目安に混ぜ込みます。一五リットルの土ならそれぞれ三〇グラム（約大さじ一〇杯）混ぜれば十分でしょう。

③良質堆肥があれば代替ＯＫ

本書では何度も紹介していますが、家庭から出る野菜くずなどを堆肥化する段ボール堆肥「すてなんな君ゼロ」を使っている方は、その堆肥を利用することで、微生物資材と腐植酸、ミネラル類などを補給することができます。

ただ、いずれ土になるからといって、堆肥の材料となる枯れ葉や野菜くずをそのまま混ぜるのはいけません。未発酵の状態でいきなり土に混ぜ込むと、発酵する際に出る熱やガスが根を傷めたり、悪いカビなども繁殖しやすくなって逆効果になります。

面倒くさがりには「よかよー土君」

ここまで紹介した方法も「面倒くさい」という人には、古いプランターの土に、市販の腐葉土や堆肥、新しい培養土を三〜五割混ぜて再利用する簡易なやり方もあります。

ＪＡ糸島アグリの商品でいえば、糸島産の有機素材をたっぷり含む「よかよー土君」。土と混ぜ合わせてすぐに植え付け可能なので、プランター数個なら、こちらのほうがお金も時間もかからずお得かもしれませんね。

ただ、市販の堆肥や培養土を混合する場合でも、第一段階で述べた、古い土をふるいにかけて太陽熱処理するという基本作業はぜひ行なってください。そのほうが確実です。

ちょっと手を抜いただけでよい野菜ができなかったり、きれいな花が咲かなかったりしたら、元も子もありませんから……。

また、何年も使ったプランターの土や、前作が病気で枯れたといった場合は、もったいなくても捨てたほうが安全です。

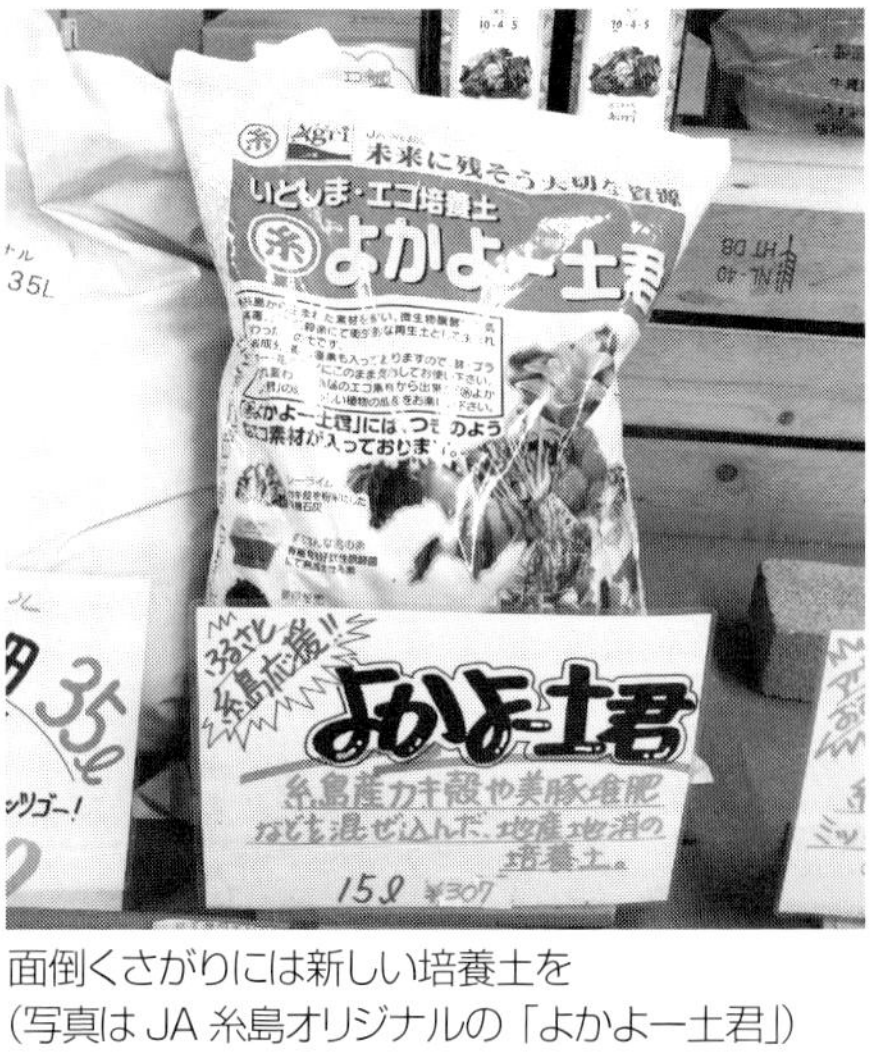

面倒くさがりには新しい培養土を
（写真はJA糸島オリジナルの「よかよー土君」）

AQ

菜園畑の連作障害回避法

畑の狭かけん連作になるとよ。薬を使わんで土の消毒できんとね……

立秋がチャンス！　透明マルチ被覆で太陽熱土壌消毒

植物のあらゆる生育障害や病害虫の原因は、土の疲弊が引き金になります。特に家庭菜園や直売所出荷者の畑では、

▽限られたスペースで、同じ系統の作物を同じ場所で育ててしまう連作障害

▽過剰な施肥

▽畑を休ませることなく何かしら植えている

などの理由で、病害虫に対する土の抵抗力が弱ることにより、野菜たちの生育が悪化するケースが多いようです。

立秋が来たら土作りの好機

八月八日は二十四節気の「立秋」。立秋というと「秋めいた」と誤解しがちですが、二十四節気でいう「立秋」は暑さの頂点で、この日を境に秋に向かうという意味。この日を境に「残暑」という言葉を用いるようになります。この時期の土作りが秋冬野菜につながります。

利用するのは夏の強烈な日光。熱射の力で土を消毒します。薬剤を使った化学処方ではなく環境や自然に優しい土作り。それが「太陽熱土壌消毒法」。とはいえ、やり方を間違えると効果が出ないので、ポイントを整理しておきます。

太陽熱土壌消毒のポイント

【土に「ぼかし」などを投入して好気性微生物を増やし、寄生性センチュウや病害菌を大幅に減らす】

良質の有機物も、好気性微生物の繁殖を促すのに有効です。ただ、排水が悪い土壌では嫌気状態となって効果が上がりにくいので、もみ殻などを入れ、通気性、排水性を改善します。

【必ず透明のマルチシートで覆う】

地温は最低でも四〇度を超えないと効果なし。多くの病害菌や雑草のタネは、地温が五五度以上になると数時間で死滅しますが、太陽熱や発酵熱によって発生する水分が気化して温度が下がるのを防ぐため、マルチは必須。

【マルチ被覆は二週間】

マルチによる空気遮断によって無酸素状態になり、殺菌効果が発揮されるのはよいのですが、長期間土壌が嫌気状態になるのは好ましくありません。マルチをかける期間は、二週間程度にとどめます。

土壌消毒のやり方

次は実際の作業です。

①畑で育ち終わった野菜くずなどを除く。

②畑には、一坪当たり米ぬか五〇〇グラムと、切りわら（または竹の粉）六キロを土とよく混ぜ、土の塊が粗い状態で二〇～二五センチ深耕。米ぬかが手に入らない場合は、ぼかし肥料などでも可（アグリで売っているリサイクル有機肥料「天神様の地恵」もお薦めです）。切りわらや竹の粉が入手困難な場合、馬ふんなどの繊維質が多い堆肥でもOK。

③表面の水分が乾かないよう水は深さ二五センチ程度まで染み渡るまで、全面にたっぷり散布。

④透明マルチシートで被覆して、定期的に温度を測ります。深さ二〇～二五センチの地温は、必ず四〇度を超えるように（地温計は一〇〇円ショップで売られてます）。

⑤二週間後、マルチシートをはがして終了。元肥や石灰を入れてウネ立てします。あまり深く耕しすぎると、未消毒の土が持ち上がり、消毒効果が半減することがあるのでご用心。

1

畑から収穫後の野菜くずなどをきれいに取り除く

2

米ぬかと、切りわらまたは竹の粉を土とよく混ぜる

3

土壌消毒中に乾かないよう、たっぷりと散水する

透明のマルチシートで2週間ほど覆う

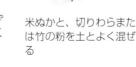

AQ

農薬以外の防除法はないの?

農薬ば使わんで、なんかよか方法はなかとですな?

害虫障壁、コンパニオンプランツ、土着天敵利用、天然成分由来の殺虫剤

自家菜園で野菜を育てている人も、害虫や病気には悩まされ続けます。「アグリ」にやって来る方の一番多い相談が、病害虫対策です。

登録のある農薬を教えるのは簡単なのですが、「できたら化学農薬は使いたくない」という方も多く、この本でもいろいろな手作り防除剤を紹介しています。それ以外にも、作物同士の組み合わせや土着天敵を利用する方法、また、化学農薬とは異なる、害虫に対する「気門封鎖型農薬」を紹介することもあります。

害虫障壁とコンパニオンプランツ

●ナス畑の周りの障壁作物

「ナスやトマト畑の周りに、葉っぱのつんつんしとる、背のたぁ～かとば植えとんしゃ農家のおるばってん、あれは、なんですな?」

常連さんからこんな質問が……。

よくぞ気づいてくれました。私が「高性緑肥プランツ」と呼ぶ、緑の壁で野菜を守る技術。背の高い植物は、イネ科の飼料用トウモロコシ「ソルゴー」です。

野菜の難敵害虫アブラムシ類は、ムギやトウモロコシなどイネ科の植物も好みます。そこで野菜を植えている畑の周縁にソルゴーを植えると、ソルゴーにアブラムシとその天敵が集まることで、本命の野菜の被害を軽減。またソルゴーが盾となり、強い風で野菜の果実や葉が傷つくのを防ぐのが狙いです。

●ハッショウマメ+トウモロコシ混植

異なる植物を組み合わせて相乗効果を狙うという意味では、ハッショウマメとトウモロコシを混植する、南米の伝承農法を応用した技術「共栄作物」(コンパニオンプランツ)がよく知られています。

ハッショウマメはアミノ酸の一種L-ドーパを産生し、雑草を抑制します。また、根の周囲にすみつく根粒菌が空気中の窒素を固定するため、栄養が少ない環境でも生育し、日当たりと肥料分を好むトウモロコシを助けます。

トマト(右)の横で壁のように育ったソルゴー

●エダマメ+トウモロコシ混植

家庭菜園では、ハッショウマメをエダマメにかえた作付けがお薦め。

五月下旬、条間はやや広めに一八〇センチ、株間三〇センチでトウモロコシのタネを二条まき。エダマメは、トウモロコシの間に条間四五センチで三条まきします。

●メロン+ヒマワリ混植

やや浅い位置に根を伸ばし、水はけのよい土

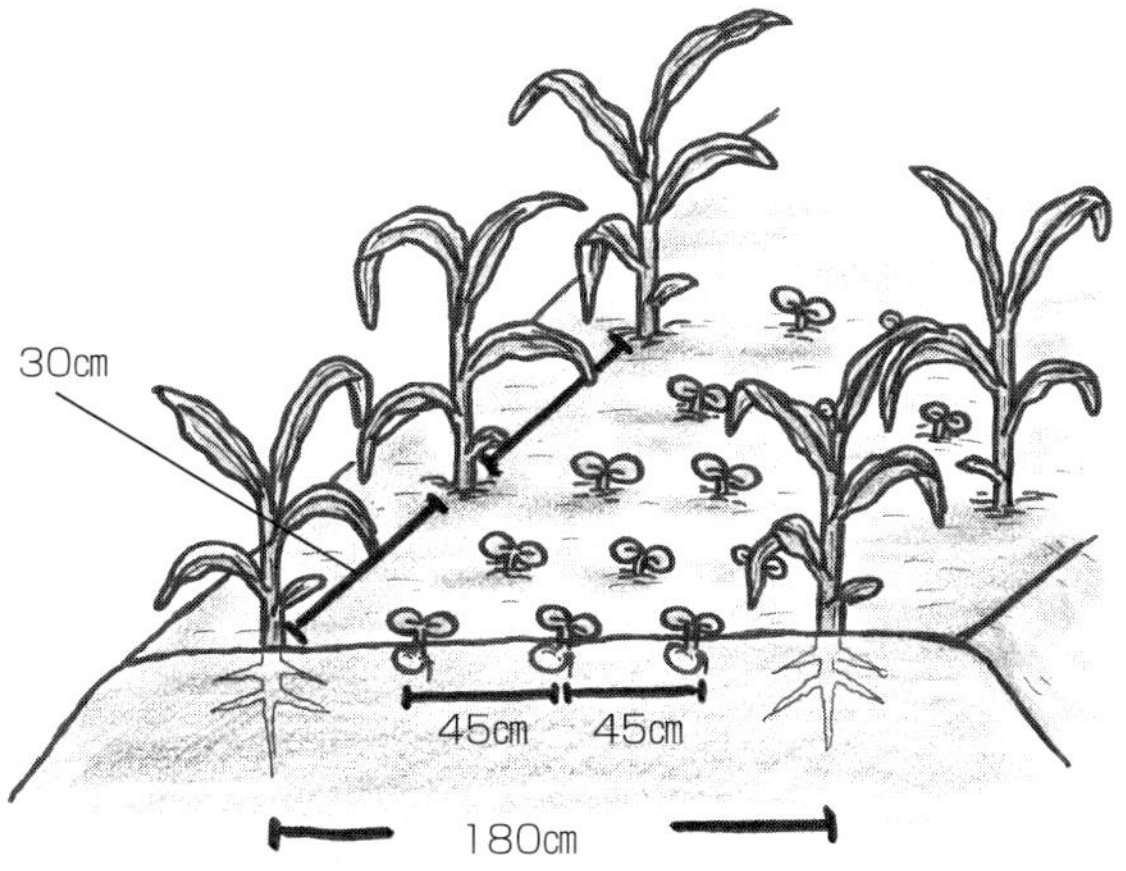

家庭菜園お薦めのコンパニオンプランツ
トウモロコシ＋エダマメの植え方

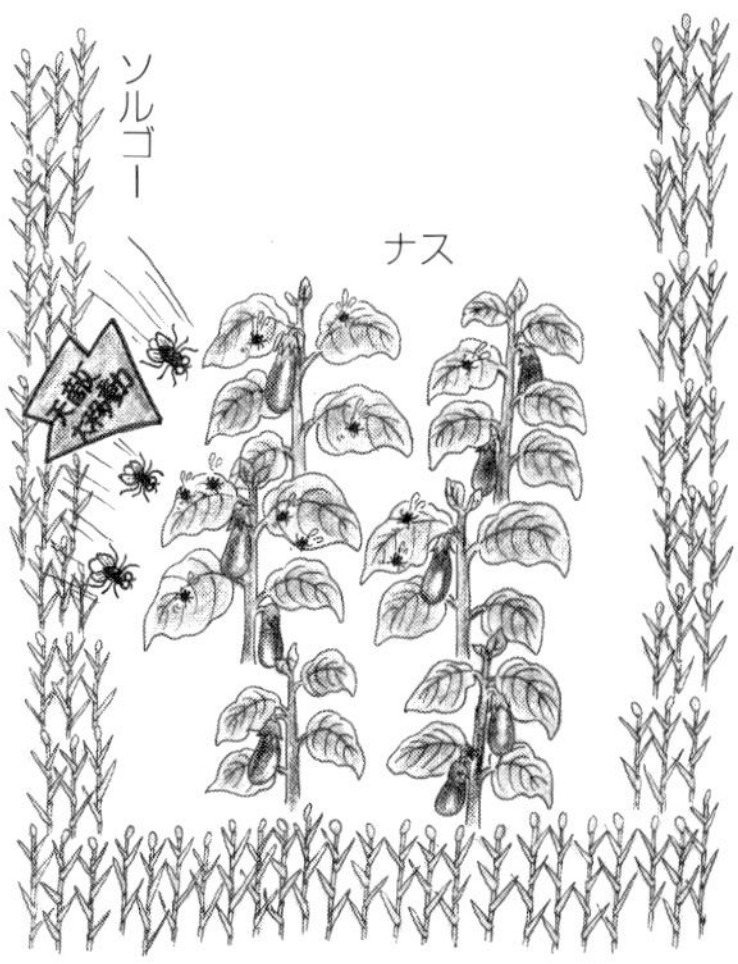

ナス畑の周囲をソルゴーで囲う

壌と乾燥した気候を好むメロンと、根を深く伸ばし、余分な水分を吸収して畑を適正な状態に維持するヒマワリとの混植もいいですね。草丈が高く、大きく花が咲き、メロンの受粉に必要な訪花昆虫を呼び寄せるヒマワリ、それに、不溶性のリン酸を可溶化し、植物が利用できる形にしてくれるため、そばにヒマワリがあると、メロンの生育に必要なリン酸を供給してくれます。

　メロンは生まれ故郷が乾燥地帯のためか、日本で露地栽培すると品質のよい果実の収穫が難しく、病害虫の発生も多くなってしまいます。そのためプロは、水分コントロールや、防虫ネットを活用したハウス施設栽培が主流ですが、この技術を使えば、露地栽培でもおいしいメロンの収穫が期待できます。

天敵増やして害虫減らし

●天敵温存植物

「『天敵温存植物』って知っとうね？」。家庭菜園を楽しんでいる友人にたずねたら「なんなそれ？」。耳慣れない言葉なので、友人同様、初めてこの言葉を耳にした人も多いと思います。

　天敵を誘引して定着、増殖させる場を作る。それが天敵温存植物（インセクタリープラント）。欧米では二〇年以上前から研究され、シソ科やセリ科のハーブ類など、小さな花がたくさん咲く植物を畑やその近辺に植えると、寄生蜂類などの天敵が増加することが報告されているそうです。

　糸島でもナス生産者のハウスで、コナジラミやアザミウマなど果実の汁を吸う難敵害虫を、土着の多食性天敵「タバコカスミカメ」を増やして退治する実験中。使うのはクレオメという花です。

●ゴマ→クレオメで天敵増殖

　実験はタバコカスミカメを集めるところから開始。畑に置いたプランターに、最初の生息場所として種子の単価が安く、初期の生育スピードが速くて栽培が容易な、ゴマを植えます。

　ゴマに集まってきたタバコカスミカメの密度が高まったところで、事前にハウス内に植えたクレオメの近くに、ゴマをプランターごと移動します。するとタバコカスミカメは大好きなクレオメを食べて増殖し、さらに隣に植えられた大本命のナスにとりついた害虫を襲います。

　タバコカスミカメはナスの汁液を吸うので、葉には吸汁痕（穴）ができますが、肝心の果実には悪さをしないのでOKというわけです。

ナスの横に植えられたクレオメ

クレオメの花

●土着天敵タバコカスミカメ

タバコカスミカメは、ゴマやクレオメに一度定着すれば長期間生息します。なので家庭菜園でも、ナスやキュウリの横に定植しておけば、菜園内のタバコカスミカメの密度は安定的に維持できると思われます。

そういえば昔、私の祖父母は野菜畑の脇に、必ずといっていいほどゴマを植えていました。天敵温存植物なんて言葉は知らなかったでしょうが、もしかすると、ゴマを植えておくと害虫が減ることを経験的に知っていたのかもしれません。

ただ、タバコカスミカメは、ピーマンやシシトウに関しては、密度が高まりすぎると果実にも被害が出たといった報告もあります。どういう状態が最適かはまだ研究途上ですが、作物―害虫―天敵の相互関係を理解することは、むだな農薬を減らすことにつながるし、新たな技術の開発は農業の楽しみでもあります。

タバコカスミカメ
葉に白く見える部分は吸汁痕

気門封鎖型防除剤

菜園のアゼに生えている紫のかわいいカラスノエンドウの茎を見ると、ソラマメヒゲナガアブラムシがびっしり。それが菜園に移動してきたら面倒です。

何とか対処せねばなりませんが、化学性の殺虫剤はちょっと……。そんな方にお薦めするのが、天然成分由来の抽出物を使った「気門封鎖型防除剤」です。アブラムシやハダニなど、昆虫の呼吸器官である気門を膜で覆い、害虫の呼吸を止めて殺虫効果を発揮する、環境に優しい

アザミウマにかじられたナス

対処法です。

カラスノエンドウにびっしりついたソラマメヒゲナガアブラムシ

●プロ農家の間でも話題に

化学合成農薬のようにシャープに効果は出ませんが、害虫の耐性がつくことも少なく、また天敵類に対しても影響が少ないことから、近年プロの間でも導入が進んでいます。生産者だって、農薬はそうそう使いたくないですからね。農薬の最大の被害者は、間近で使う生産者なのですから。

●代表的な防除剤

当店で販売中の代表的な天然成分由来の気門封鎖型防除剤は、デンプンを原料とした「粘着くん」、水アメを利用した「エコピタ液剤」、紅花オイルから抽出された「サフオイル乳剤」、ヤシ油から作られた「ムシラップ」、「サンクリスタル乳剤」など。

これらは水で薄めて使うタイプで、、量的にもプロ向きですが、少量で間に合う方はそのまま使えるスプレータイプ（四五〇ミリリットル）もあります。

害虫だけでなく病原菌も栄養を得にくくなるため、うどんこ病の防除に効果があります。ただ、病害虫の発生が多い場合には効果が十分に発揮されないこともあるので、五～七週間おきに連続散布することが望ましいです。

●葉裏までたっぷりていねいに散布

液剤が直接害虫や病原菌にかからないと効果がありません。なので、葉や茎、特に葉の裏側に潜むアブラムシやハダニ類などに当たるよう、スプレーで水滴がしたたるくらい、たっぷりとていねいに散布すること。

また、気温が高くなると（おおむね二八度以上）、葉の気孔を塞いでしまって蒸散をしにくくしてしまうことがあるので、使用は控えたほうがよいでしょう。

天然成分由来の気門封鎖型防除剤

したたり落ちるくらいにたっぷり散布

気門封鎖型防除剤はスプレーを使い、葉や茎にたっぷりと散布する

農作業の正装

暑かったけん半袖で畑に出たら、虫に刺されてしもうて……跳び上がるほど痛かった

帽子、長袖、首にタオル、手袋　これが基本の「キ」だ！

イラガ　別名「電気虫」の激痛

自宅に植えたカキの木の葉に異変が。そっと近づき、食害された葉を裏返すと、犯人の「イラガ」の幼虫がいました。

毒蛾《どくが》の仲間で、体長二五〜三〇ミリ、幼虫はライムのような鮮やかな緑色が特徴で、ナマコ状の突起があります。別名「オコゼ」や「電気虫」と呼ばれるくらい、刺されると跳び上がるほどの激痛が走ります。

年間に一〜二度発生。カキやサクラ、カツラやサルスベリなど落葉樹を中心に、生垣に使われるレッドロビンなどの常緑樹なども被害にあいます。

刺されると跳び上がるほど痛いイラガ

素肌を出さない心がけ

長年の経験からすると、イラガなどの害虫は、剪定《せんてい》不足で風通しが悪いとか、栄養不足など、日頃の管理不足などで多発します。とはいえ栄養過多でもだめ。メタボリックな樹木は、カイガラムシ類やハダニなどが寄生しやすくなります。

いずれにせよ元気いっぱいの樹木は免疫力も強く、病害虫を寄せ付けない力があるようです。三四ページで紹介した、土に穴をあけて酸素を供給するエアレーションや、剪定で風通しをよくするなど、まめな手入れがいい効果を生むことは間違いありません。

作業するときは、多少暑くても、帽子をかぶり、長袖シャツで首にはタオル、手袋といったように、素肌を出さないよう心がけてください。これは害虫や刃物の事故から身を守る、農作業の基本の「キ」です。

帽子に長袖、首にはタオル、手袋。これが農作業の正装

●ドクター・コトーお薦め●

草刈り鎌の選び方と鎌の研ぎ方

ホームセンターには、たくさんの農具が並んでいます。でも、ある程度の知識がないと、結局、価格だけで選んで失敗する、なんてことになりかねません。

●草刈り鎌の種類と選び方

鎌は大きく刃の付け方、刃の厚さ、材質でその種類が分かれます。

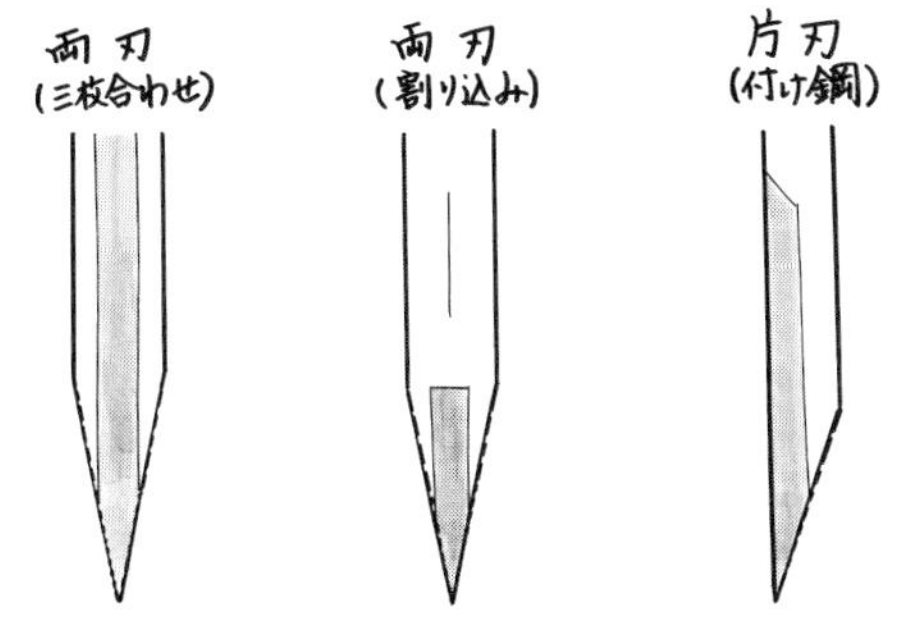

片刃と両刃の構造。片刃のほうが当たる角度が鋭いので、切れ味はいい

刃の付け方には、地金の片方に鋼をつけた「片刃」と、地金に鋼を割り込むか、地金で鋼をサンドイッチして接合した「両刃」があります。比べると、対象に当たる角度が鋭い片刃は切れ味、両刃は耐久性に優れます。やわらかい草なら片刃、硬い草なら両刃が適します。

なお、その形状から、片刃の鎌には、右利き用、左利き用があるのでご注意を。

刃の厚さは、切れ味鋭くて軽い「薄鎌」と、欠けにくく丈夫な「厚鎌」、その中間の「中厚鎌」に分かれます。

やわらかい草は薄鎌、ヨシやススキの硬い草は中厚鎌、雑木や木の枝なら厚鎌がお薦めです。

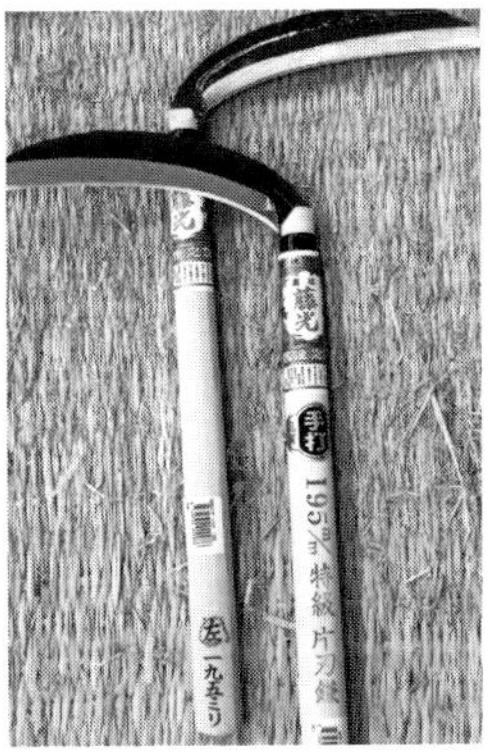
右利き用（右）と左利き用（左）の草刈り鎌

●鎌の材質と特徴

材質は、すべて鋼で丈夫な「全鋼」と、地金に鋼をつけた「鋼付」、さびに強いステンレスの三種類。ひんぱんに使わないのなら、さびないステンレスがお薦めです。鋼は切れ味で勝りますが、放っておくと含まれている炭素によって、すぐにさびてしまいます。

ただし、研ぎやすいのは手作りされた鋼のほうです。どの砥石《といし》でもOKで、日常的に手入れもしやすい。

一方、プレス加工で工業的に作られたステンレス製は、硬すぎて専用の砥石でないと研げないので、メンテナンスに不向きです。

何を切るか、手入れできるか、人によって事情が違いますから、どれが最適かは一概にはいえません。いくらいいものを買っても、大して使わない、手入れをしない人なら、宝の持ち腐れになりますから、プレス加工で作られた安価な鎌を使い捨て感覚で使うのもありでしょう。

●持ち運びできる砥石がお薦め

鎌研ぎといえば、白い据え置きタイプの砥石を思い浮かべる方が多いでしょうが、今は小型の持ち運びできるタイプが一般的です。切れ味が悪くなったら、その場で研げて、とても便利。店では粗研ぎと仕上げ研ぎがセットされた鎌砥石両面タイプをお薦めしています。

粗研ぎと仕上げ研ぎがセットされた両面タイプの鎌砥石（右）と、人造ダイヤモンドを使った砥石

①砥石に水を含ませる

鎌研ぎはまず、砥石をバケツに沈めてたっぷり水を含ませるところからスタート。

②刃を固定して研ぎスタート

鎌の刃を固定し、刃に対して青い粗砥石を一五～二〇度の角度で当てて数回前後させると、刃の先端に、研いだ証である「カエリ」が出ます。

カエリは肉眼では見えませんが、のこぎり状になっており、指の腹で触ると、引っかかりを感じます。特に粗砥石や中砥石は、カエリが大きく出るケースが多いので確認しやすいです。

カエリが刃元から刃先まで平均して出たら、第一段階の完了です。

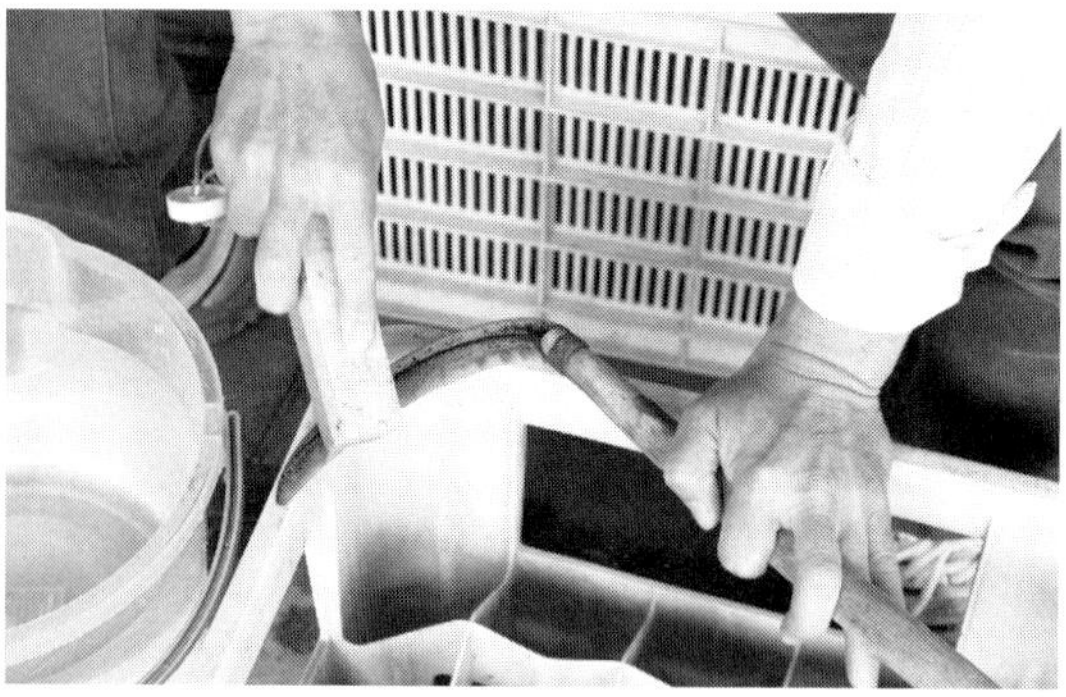
砥石は鎌をかちっと固定させてから使うのがコツ

③仕上げ砥石でカエリをとる

刃を裏返し、白い仕上げ砥石を軽く前後させつつ、左右にずらしながらカエリをとっていきます。

ただし、裏面が鋼である片刃の場合、表面を研いだら、裏の鋼のカエリは二～三回砥石を当てて落とすだけにします。裏面を研ぐと鋼がなくなってしまい、切れなくなるからです。

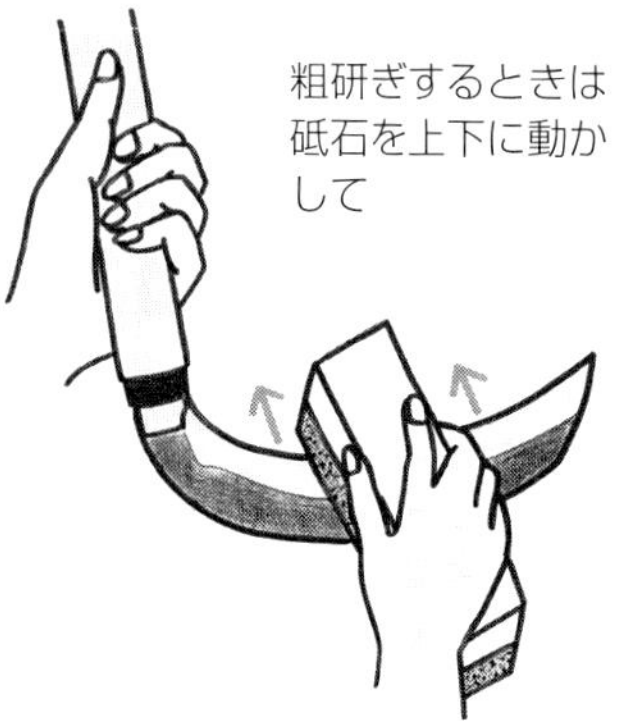
粗研ぎするときは砥石を上下に動かして

こうして、カエリがきれいにとれたら鎌研ぎ完成です。

両刃の場合、鋼が真ん中に入っているので、表面、裏面の両方を同じように研ぐことになります。

やわらかい草を切る場合は先端を鋭利に研ぐほうが切れ味が増しますが、刃こぼれしやすくなります。

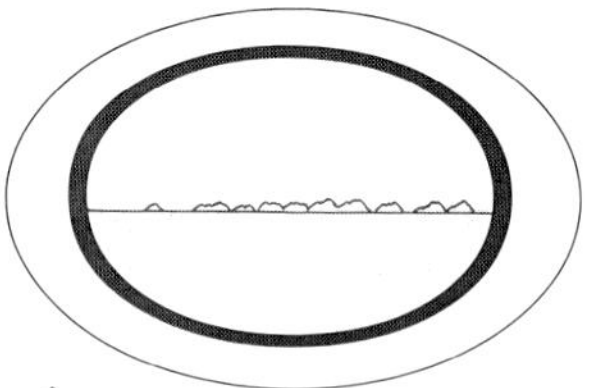
粗研ぎで刃先に出てくる「カエリ」の拡大図

仕上げのときは砥石を左右に動かしてカエリをとる

●ダイヤモンド砥石の実力

人造ダイヤモンドを使った砥石もあります。素早く研げて、切れ味がよみがえります。包丁やハサミにも使える優れものですが、刃が欠けた鎌は研げないので、砥石を使うことになります。

あとは習うより慣れろ。切れなくなった鎌が、自分の鎌研ぎでスパスパ草が切れるようになったときの快感はたまりません。

一緒に草刈りしている農業女子の鎌をちょっと借り、その場でさっと研いで渡したら、うっとりした目で見つめられた……。そんな素敵な出会いがあるかも。

ちなみに私の店で扱っている両刃鎌は、八女市の刀鍛冶が伝統の手打ち式で仕上げた割り込み製法。大量生産に向く三枚合わせに比べると、衝撃に強く、耐久性に優れるといわれます。手間暇かかる分、値段はやや高めですが、職人さんが手作りした上質な鎌を、ていねいに使うほうが、私の性には合っているようです。

菜園を楽しくする

手作り有機肥料・堆肥と知っておきたい市販肥料

ぼかし肥・発酵液肥

プロお薦め

発酵ぼかし肥

菌ちゃんパワーを土に補給

肥料も与えていないのに大きく育つ森の木々。それは落ち葉や昆虫の死骸が土の中の微生物などの活動で、ゆっくりと土の栄養となっているからです。

一方、私たちの畑はどうでしょう。タネをまいては収穫、またまいては収穫……。畑を休ませることなく土の栄養を奪い続けていたら、いくら堆肥や石灰などで補っても、疲れ果てた土ではいい作物はとれません。なんらかの形でパワーを補ってやる必要があります。

対策は、土を元気にすること。そんなときにお薦めしているのが、ぼかし肥とか発酵肥料、発酵液肥などと呼ばれる、菌ちゃん（有用微生物）が一生懸命プクプクと発酵を助けてできた肥料たちです。

市販されている「発酵ぼかし肥」を使う手もありますが、どうせやるなら身近な素材を使い、自分でこしらえてはどうでしょうか。

材料と作り方

●準備するもの

▽衣装ケースなどの大きめの容器
▽米ぬか　一五キロ
▽納豆　一パック
▽プレーンヨーグルト　一パック
▽黒砂糖　二〇グラム
▽一日くみ置きした水　三・五リットル

●作り方

①ケースとは別の容器に、ぬるま湯にしたくみ置き水五〇〇ミリリットル、納豆とプレーンヨーグルト、黒砂糖（きび砂糖でも可）を入れ、手で納豆をつぶしながら混ぜ、とろっとした発酵エキスを作ります。

②用意しておいた衣装ケースなど大きめの容器に、米ぬかと、①で作った発酵エキスを入れ、残りのくみ置き水三リットルを、だまにならないよう少しずつ加えながら、よくかき混ぜて軽くふたをします。

甘酸っぱい乳酸菌のにおいがする発酵ぼかし肥

③あとは一日に一回混ぜるだけ。しばらくすると四〇度近くにまで温度が上がり、甘酸っぱい香りがしてきます。さらに一〇日もすると、温度が下がり、表面にサラっとした白いカビが生えてきたら、手作り発酵ぼかし肥の

発酵ぼかし肥の材料
米ぬか、
納豆、プレーンヨーグルト、
黒砂糖、くみ置きした水

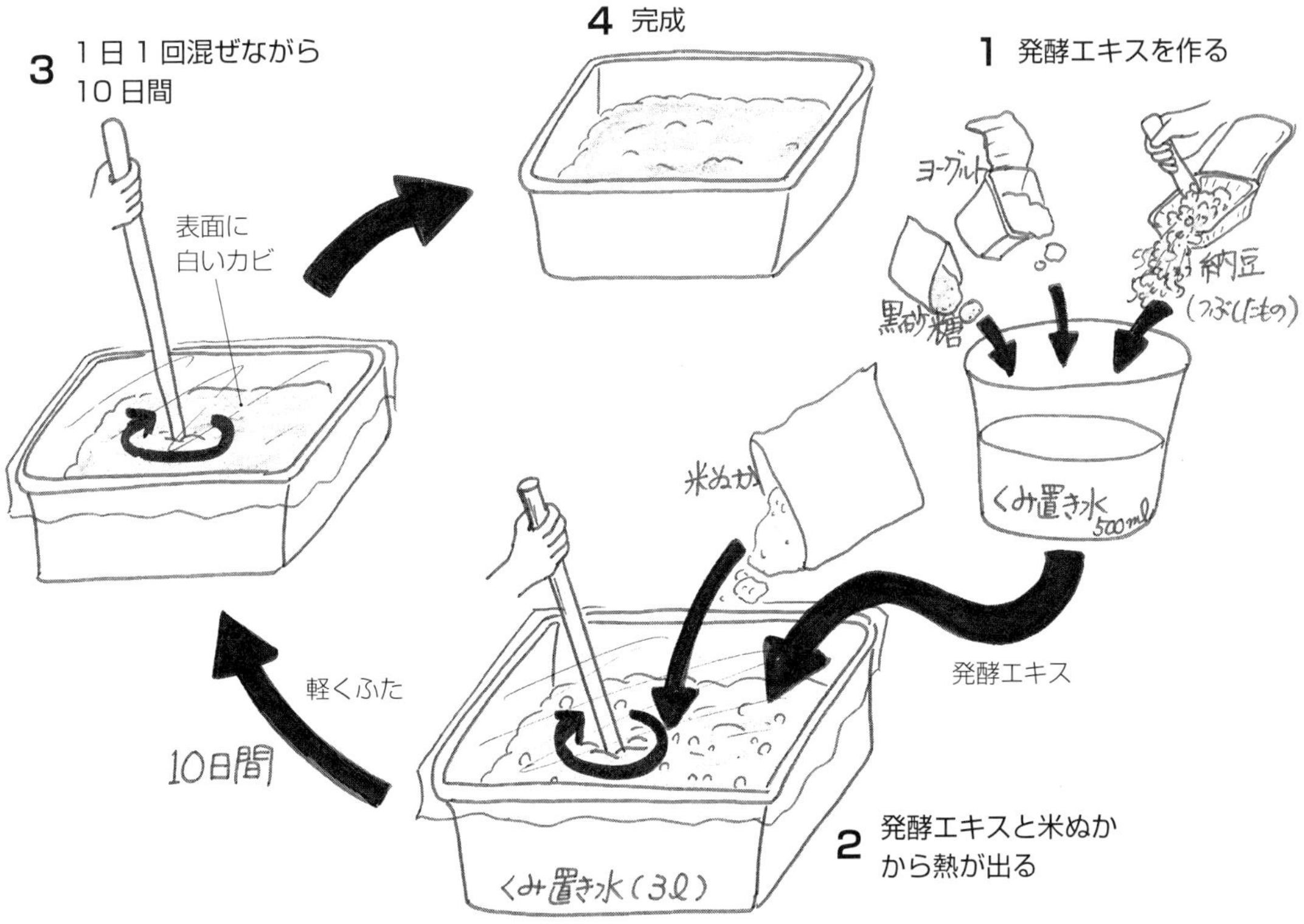

完成。

④ポリ袋ではなく、空気を通すような紙袋などに移し替え、口を縛れば保存もできますが、二カ月程度で使いきることをお薦めします。

有機物に二割混ぜて土にすき込む

できた発酵ぼかし肥は、そのまま肥料として使うというより、牛ふんや腐葉土などの有機物に二割程度混ぜ、土にすき込んで使います。

連作障害や病気から植物を守ってくれる効果や、土の中の微生物が活性化することによって排水性が向上するなど、土壌改良効果も期待しているからです。

こうして作った発酵ぼかし肥は、土の栄養剤。一度チャレンジしてみてください。野菜作りがさらに楽しくなりますよ。

えひめAIに手を加えて

食品で作る発酵液肥

紹介する発酵液肥は、愛媛県工業技術センターの曽我部義明先生が考案された「えひめＡＩ」を基本として作ります。

「えひめＡＩ」の基本となる材料は、納豆、ヨーグルト、イースト、砂糖と水ですが、ここではそれに玄米、ニンニク、なたね油などを加えて作ります。

ふだん食べている食品を混ぜるだけで作れる発酵液肥

材料と作り方

●準備するもの

▽水または一日くみ置きした水　五リットル
▽納豆　一〇粒
▽ヨーグルト　二五〇グラム
▽黒砂糖　二五〇グラム
▽玄米　一〇粒
▽ドライイースト　一五グラム
▽すりつぶしたニンニク　一片
▽なたね油　一〇ミリリットル

●作り方

①一〇リットルのバケツに材料をすべて入れ、かくはん。時間の経過とともにプクプクと発酵が始まるので、コバエなどが寄り付かないよう、タオルなどでバケツを覆います。

②五日ほどたつと、甘酸っぱい香りが。あとは五日に一回の割合で軽く混ぜ、発酵から熟成へともっていきます。

③二週間後、甘酸っぱい香りを保ちつつ、プクプクが終わっていたら完成。二週間を過ぎてもまだ発酵が続いている場合は、もうしばらく熟成期間をとります。

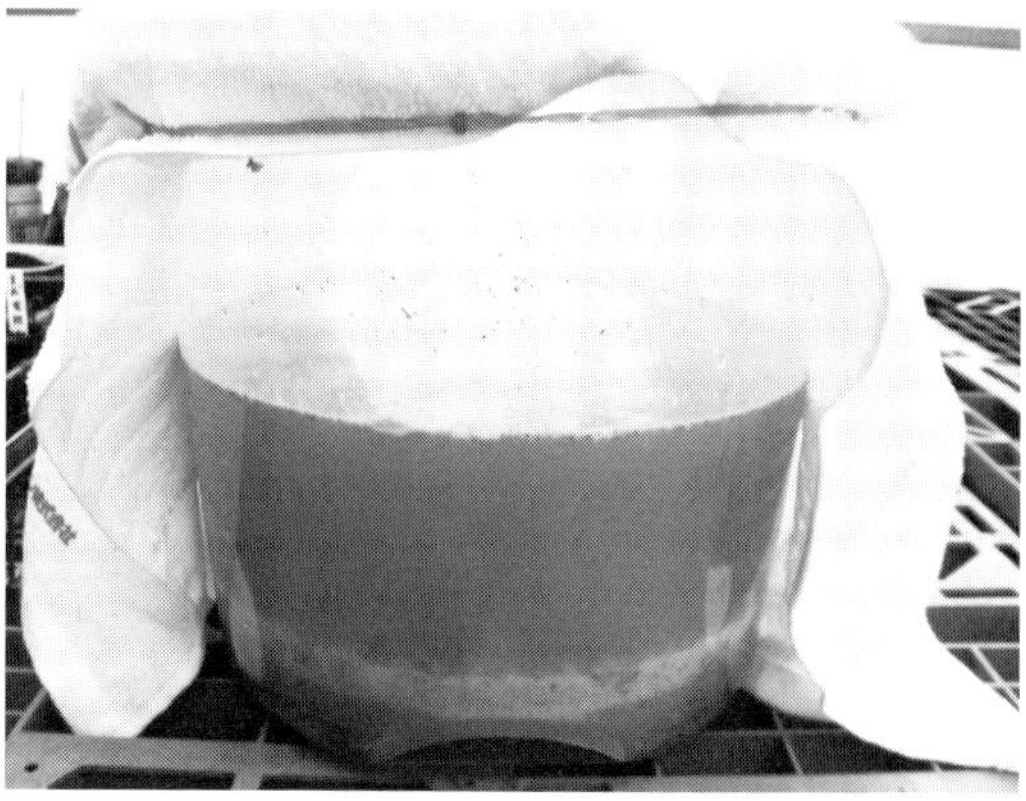
バケツにはタオルをかぶせて発酵させる

発酵液肥の使い方

●二〇〇倍に薄めて散布

バケツの中の液体の上澄み液を、用意したペットボトルに移します。

プロは使い方によって濃度を変えますが、濃すぎると失敗することもあるので、家庭菜園なら二〇〇倍希釈が安全です。

●補助追肥として週一回株元散布

ナス、ピーマン、ウリ、トウガラシ、キュウリ、スイカ、トウモロコシは、補助追肥として、週一回、株元に散布。トマトは水溶性のカルシウム肥料を添加して葉面散布することで、トマト特有の生育障害である尻腐れ予防にもなります。

ホウレンソウやカブ、ダイコン、ニンジンなども定期的に葉に散布すると、野菜の甘みが増します。

●底にたまったオリも貴重な肥料

バケツの底にたまった素材も貴重な肥料。そのまま土に入れると強すぎるので、五リットルの水を足し、堆肥などと一緒に混ぜて使うと、土への栄養供給になります。

発酵液肥は冷暗所で保存を。二～三カ月で使い切りましょう。

ハンドスプレーに入れて散布する

オリジナル植物活性液「菌太君」

手前味噌になってしまいますが、ＪＡ糸島アグリでは、「えひめＡＩ」の材料に限りなく地元産の素材を使い、植物活性効果をより高める素材を加えた「菌太君」を販売しています（写真）。

納豆は「百笑納豆」、ヨーグルトは「伊都物語」、イーストは私の「手作り酵母」、水は「糸島産天然水」といずれも地元産、そこに地元産の米こうじや、ミネラル豊富な天然ニガリ、アミノ酸を含んだビール酵母、糖蜜を加えてみました。これらの素材を一〇日～二週間かけて発酵させます。えひめＡＩより発酵期間を長くとっているのですが、こうすることで熟成もさらに進むようで、できあがった菌太君は飲みたくなるほどの芳香をはなちます。

また、えひめＡＩ同様、台所の汚れ落としやにおい消しの効果もあります。「浴室の目地に塩素系殺菌剤を処置してかけたら、その後は黒カビの発生頻度が緩やかになった」、「トイレなどに原液をキャップ一杯投入しておくと、においが消える」、「ワイシャツなどの襟の汚れを落とすのに、菌太君を入れた溶液に一定時間浸け置きしておくと汚れがとれる」といった報告もあがってきています。

手作りしてもらうのが一番ですが、私が「菌太君」を作ったのは、私たちの健康な体や土、環境の維持には働き者の実生物（菌ちゃん）ががんばってくれていることを、多くの人に今一度考えてもらいたかったからです。最近の除菌・抗菌ブームにも「待った」をかけたかったのです。

地元のKBCラジオと筆者の共同企画農園で、菌太君を使った野菜を収穫した。前列右端の麦わら帽子が筆者
右下は「菌太君」

ベランダや庭でできる簡単堆肥作り

庭の片隅で作る

穴ぼこ落ち葉堆肥作り

落ち葉や草取り後の雑草が可燃ごみの袋に入れて置いてあるのを見ると、いつももったいない気になります。落ち葉や雑草は、土を元気にしてくれる大切な有機物だからです。

「なら、どげんしたらよかか、教えちゃらんね」。常連のおじいちゃんから頼まれました。

簡単な方法があります。その名もずばり「穴ぼこ落ち葉堆肥作り」です。

庭の隅に穴を掘る

まず、庭の片隅に直径三〇～五〇センチ、深さ三〇センチ程度の穴を掘ります。

そこにスコップ二～三杯分を目安に落ち葉や雑草を入れ、手のひら二杯分（八〇グラム）の発酵促進剤と、スコップ二杯分の土とよく混ぜて踏み込みます（このとき、六二ページの発酵液肥を加えると、さらに効果がアップ）。あとは、この上に土をかけ、余計な水が入らないようシートをかけたら作業は終了です。

気温が高い季節なら一カ月後、掘ったらびっくりしますよ。落ち葉や雑草は黒褐色に変わり、ふわふわした有機物へ変化しているとともに、ミミズがわんさかわいているはずです。できた落ち葉堆肥は土とよく混ぜて、花壇やプランターで使ってください。

皆さんの庭にすむ菌ちゃん（有用微生物）やミミズ君の力を借りて、落ち葉や雑草を良質な堆肥に変える方法です。手応えを感じたら一カ月とはいわず、二週間に一回のペースでチャレンジしてみてはいかがでしょう。

気をつけてほしいのは、冬は堆肥化に二カ月ほどかかることと、穴の上は必ずシートで覆うこと。水が入ってびちゃびちゃになると、発酵ではなく腐敗のほうにいってしまい、ドブのにおいになってしまいます。

発酵促進剤は発酵鶏ふんか良質堆肥

なお、使う発酵促進剤は、安価な発酵鶏ふんでもOKですが、お薦めはJA糸島オリジナルの「天神様の地恵」。これは福岡市・天神のソラリアビル内の飲食店から出た新鮮な生ごみを、高速発酵処理装置で堆肥化したものです。土を豊かにする土壌改良剤としても使われており、黒砂糖のようないいにおいがします。

落ち葉も雑草も、こんな利用法を知れば「ごみ」ではありません。宝物です。

【穴ぼこ落ち葉堆肥作り】

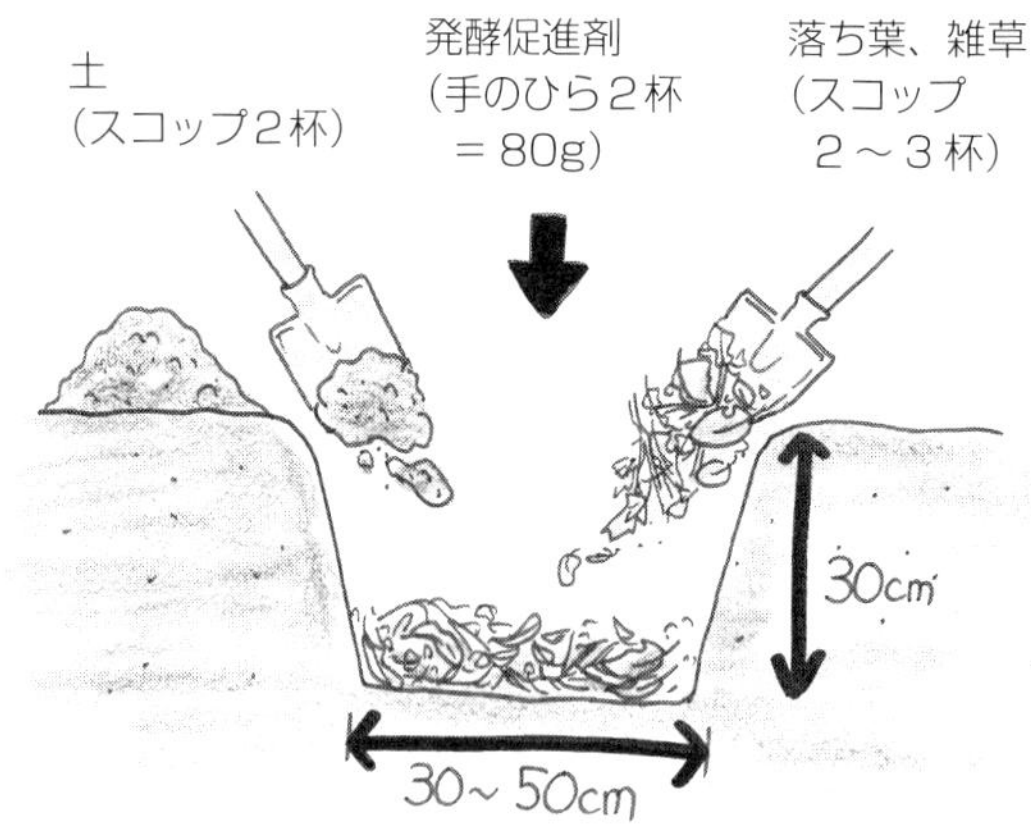

雨が入りこまないよう、必ずシートをかぶせておく

土を混ぜて踏み込んだところ。この後、土をかぶせる

ベランダで作る生ごみ堆肥

段ボールコンポスト

「アグリ」が福岡県糸島市と一緒に取り組んでいるのが、段ボールを使って家庭の台所から出る生ごみを堆肥化する「段ボールコンポスト」の普及です。ごみの減量化と、ミネラルたっぷりの元気な土作りによってできた元気な野菜を作って食べることで、市民を健康にしようと二〇〇七年にスタートしました。

段ボール容器で生ごみ処理

一般家庭から出る可燃ゴミの約四〇%は生ごみ。多くの水分を含むため、ごみ処理場では燃料を使って燃やすことになります。昔なら家畜の餌や、さっと土に埋めて肥料にしたのでしょうが、ちょっと放置すると腐敗しますから、早く家の外に出してしまいたい気持ちもわかります。

電気を使って生ごみを処理する「生ごみ処理機」もあります。でも、そんな高額な機械を買わなくても、段ボールコンポストなら、微生物の力にちょっと人の手を加えるだけで簡単に堆肥化できるのです。

味よし　鮮度保持よし

できた堆肥で野菜や花を栽培すると、化学肥料を使って育てた慣行栽培の作物と大きな差が出ます。

まずは「味」。生ごみ堆肥は慣行栽培と比べると生育は遅めですが、微生物たっぷりの土から栄養をもらい、じっくりと成長。味が濃く、甘みのある野菜や果実ができます。

次に「鮮度保持力」。店頭ではわかりにくいのですが、生ごみに含まれるミネラル類をたっ

JA糸島オリジナル「すてなんな君ゼロ」

生育比較セルリ：右が生ごみ堆肥

生育比較リーフレタス：右が生ごみ堆肥

慣行栽培の赤タマネギ（左）は腐っているが、生ごみ堆肥のものは鮮度を保っている

ぷり含んだ土で育った野菜や花は、慣行農法に比べ、長く鮮度を保ちます。赤タマネギで比較したら、写真のように大きな違いが出ました。

生育にも違いが出ました。セルリとリーフレタスで試した結果が上の写真です、左は慣行栽培、右は堆肥を施した栽培です。見事な違いが出たのでびっくりです。

手軽な段ボールコンポスト

土の元気は人の元気。ごみを減らすこと、生命力あふれる野菜を食べて元気な体を作ることは、今問題になっている医療費やごみ処理費など社会的コストの増加に歯止めをかけることになる――。そう考えて作ったのが、家庭から出る生ごみを材料に作る段ボールコンポスト、JA糸島オリジナルの「すてなんな君ゼロ」です。一般家庭なら二カ月半～三カ月分の生ごみが処理可能です。

段ボールコンポストは、ホームセンターなどで買えますが、今回は、▽段ボール、▽発酵基材の素、▽黒シート（箱を汚さないためと保温用）、▽発酵促進剤、▽消臭効果のある有機石灰「エッグライム」などをセットにした、JA糸島オリジナル「すてなんな君ゼロ」で使い方を説明します。

●黒シートを箱の中に広げる

簡単にいえば、まず黒シートを箱に広げて発酵基材の素を半分投入。風通しをよくするため、段ボールの下にすのこを置き、あとは生ごみを入れて一日一回、かき混ぜるだけです。

●入れる生ごみは一日約一キロ

入れる生ごみの量は一日約一キロまで。水切りは不要ですが、なるべく細かくしたほうが早く分解します。また、生ごみは新鮮なほうがよく、腐敗したごみはだめ。

生ごみには、発酵促進剤「天神様の地恵」を一握り（約四〇グラム）ふりかけてかき混ぜる。すると、菌ちゃんの活動が活発になり、箱の中の温度が上昇。一週間もすると生ごみの姿は消滅します。

●発酵促進剤は廃油や米ぬかでもOK

発酵促進剤は、代わりに廃油や米ぬかを使ってもOK。どんどん温度が上がり、発酵も加速します。

●二～三カ月で堆肥完成

半分残した基材の素は、順次足しますが、生ごみ投入から二～三カ月たち、発酵・分解が鈍化してきたらそこが限界。生ごみの投入をやめ

【生ごみ堆肥作り】

（JA 糸島オリジナル「すてなんな君ゼロ」を例に）

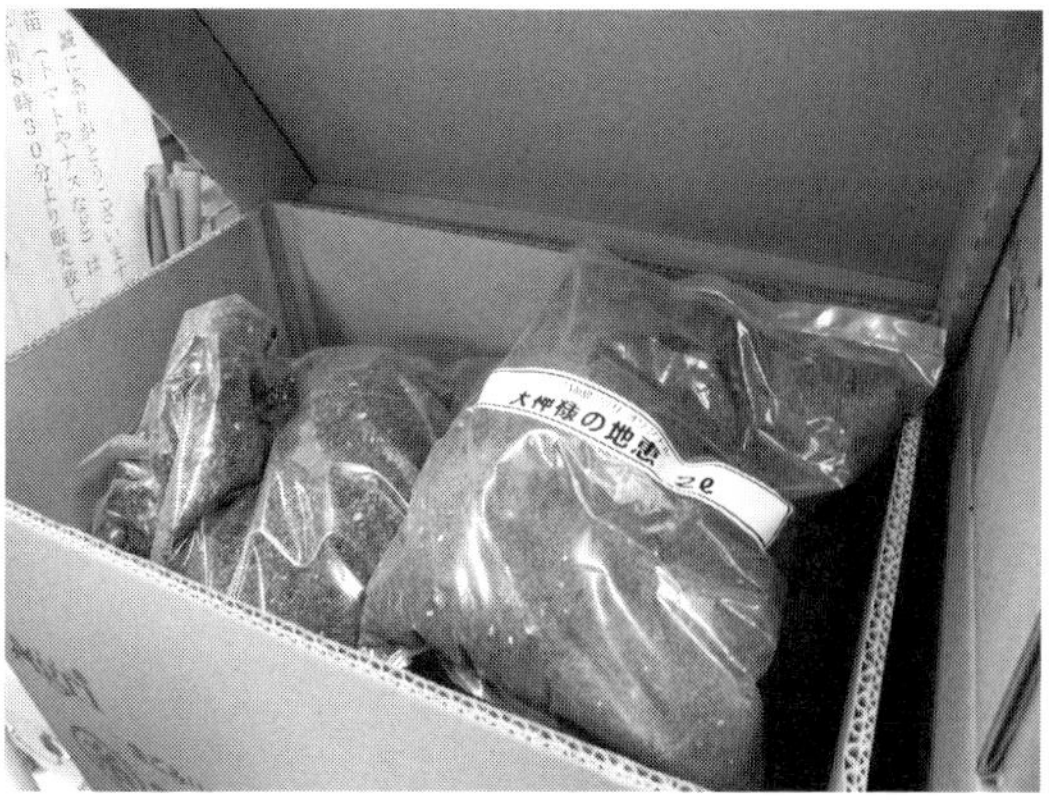

1 すてなんな君の中身（段ボール、発酵基材の素、黒シート、発酵促進剤、有機石灰など）

2 黒シートを段ボールに広げて、発酵基材の半量を入れて、スノコの上に設置

3 生ごみを入れ、発酵促進剤を１握り振りかける

4 よくかき混ぜる
２～３カ月で堆肥完成

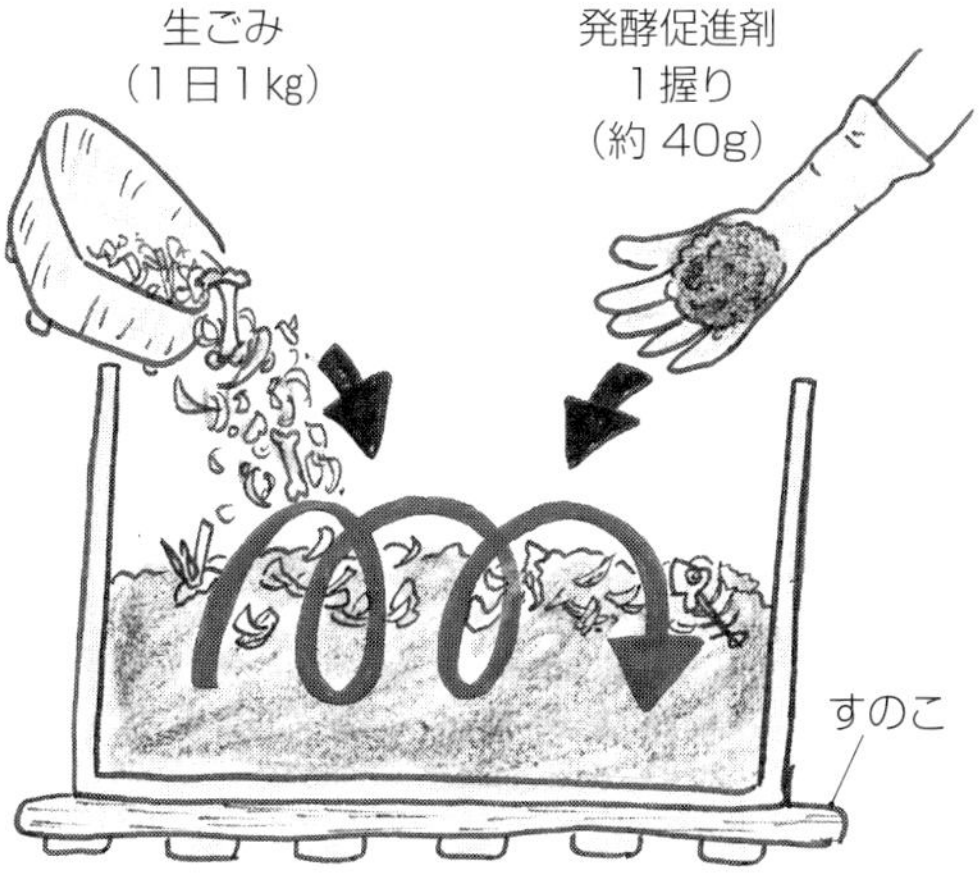

て一週間に一～二度混ぜ、約一カ月間熟成させたら堆肥の完成です。

入れる生ごみとしては、魚やニワトリの骨はOK。大きいものは土に入れ込む前に砕きます。一方、水分が多いスイカやメロンなどの皮、茶葉、コーヒーかす、水分を過度に奪う大量の雑草や落ち葉、エダマメの殻などはやめたほうが無難です。

できた堆肥は使い方自由自在

できた堆肥はどこでも使えますが、古くなったプランターの土の再生でも効果を発揮します。古い土に含まれる根などの異物を取り除き、土と堆肥を七対三、土一リットルに対し、カキ殻石灰二グラムの割合でよく混ぜて使うと、土がよみがえり、立派な植物が育ちます。

要は、微生物が働きやすい環境を作ってやること。段ボールの中を観察しながら、使いこなす技術を身につけていくのも、農の楽しみの一つでしょう。

●コラム

地域の子どもたちと放線菌堆肥作り

●放線菌とノーベル賞

クヌギやケヤキなどの落ち葉が積もる雑木林。腐葉土となったふかふかの足元を掘ると、土のにおいがします。においの元はジオスミン。土をよくする放線菌が出す香り物質です。

放線菌といえば思い出すのが、ノーベル医学生理学賞を受賞された大村智・北里大特別栄誉教授。熱帯病を媒介する寄生虫を効果的に殺す働きをもつ物質を土壌中の放線菌から抽出して作った抗寄生虫薬「イベルメクチン」によって、アフリカの子どもらを失明の危機から救いました。

自伝によると、山梨県出身の大村さんは、子どものころから毎日家業の農業の手伝いで落ち葉を拾い堆肥作りをしていた折、堆肥が手を突っ込むこともできないほど熱をもつことに驚きます。それが微生物の働きによるものであることを父親から聞き、化学に興味をもったそうです。

放線菌自体は、畑や森林の土にいるありふれた菌ですが、一九四三年に発見された結核の特効薬「ストレプトマイシン」などの抗生物質や抗がん剤など、さまざまな薬を生みだしています。

これまで、天然物から作られた抗生物質や防カビ剤、医薬品などの約六割は、放線菌由来といわれるほど。

国内には放線菌や、放線菌から抽出した物質が大量に整理・保管されており、今後、新薬の開発など、さらに有用な研究が進むでしょう。

●農家の放線菌利用

こうした放線菌の働きに関する科学的知見など、昔の人が知る由もありません。でも、今から半世紀前までは、その力を利用して土を豊かにする農業を実践していたのです。

当時の農家には、たいてい家畜が飼われていました。田畑を耕し、採れた稲わらは家畜の餌になるとともに厩舎《きゅうしゃ》の敷物に使われます。それを家畜が踏み、排せつ物と混じり合った形で堆肥小屋に積むと自然に発酵し、熱をもちます。

この過程で、堆肥の中には放線菌が繁殖。植物の病気の要因の九割を占めるといわれ、根腐萎凋《ねぐされいちょう》病や青枯《あおがれ》病を引き起こす「フザリウム菌」の細胞壁を分解する分解酵素「キチナーゼ」を産生します。

さらに、家畜の悪臭の元の一つである脂肪酸を軽減し、ハエの卵まで消していたのです。このような重層的な働きは化学肥料などではできません。

さて、土と微生物の世界のおもしろさを、家庭で容易に感じることができる道具がJA糸島にはあります。それが、基材の入った段ボールの中に生ごみを投入し、堆肥に変える段ボールコンポスト「すてなんな君ゼロ」です。

●段ボールの中は放線菌いっぱい

生ごみを入れ、一日一回かき混ぜると、箱の中は発酵熱でぽっかぽかに。生ごみのバランスがよければ、表面から一〇～一五センチの深さまで白くなることもあります。これこそが土壌の病気と闘う放線菌。そして、ごみを入れては

うっすらと表面に放線菌が浮かび上がった堆肥場
白い煙は発酵による水蒸気

かき混ぜる作業を毎日繰り返すうち、段ボールの中が放線菌でいっぱいになるというわけです。

土は、生き物を支える大切な土台。それは多様な微生物の働きによって成り立っていますから、当然、栄養を補給する必要があります。化学肥料は作物の栄養となっても、土の栄養とはなりえません。人体でいえば、点滴栄養や栄養剤ばかりだと、胃や腸の働きが衰えてしまうのと同じ。「作を肥やさず土を肥やせ」という農業のことわざがあるように、土を健康にするには、新鮮な有機物や微生物が必要です。

段ボールコンポストは資源循環、地球環境保全の観点からも利があります。

家庭から出る燃えるごみの半分は生ごみ。その内訳は、調理くず、食べ残し、手つかず食品の順。それらをごみ扱いにして焼却してしまうのは、いかがなものか。その結果が、世界のごみ焼却場の三分の二が日本にあるという現実です。

50年前までの農家には必ず家畜がいた

タマネギ栽培のため、「すてなんな君ゼロ」で作った堆肥を畑にまく、長糸小学校の児童

●生ごみ堆肥で土に栄養を

今、菜園の土は有機物の投入不足や、主に工場から排出された二酸化硫黄や窒素酸化物などを起源とする酸性雨の影響、化学肥料や薬剤の多用などによって疲弊しています。微生物やミネラル類が不足し、「飢えている」状態です。それが野菜に含まれるミネラル、ビタミン類の減少につながっています。だから、生ごみを発酵させて土に返すことは、とても意義あることなのです。

やり方はいろいろありますが、「すてなんな君ゼロ」なら作物を守る放線菌を増やす、昔ながらの堆肥作りの製法を容易に体験できます。

●小学生と堆肥タマネギ栽培

現在、糸島市では長糸小四年の児童が、「すてなんな君ゼロ」を使った生ごみ堆肥でタマネギ栽培に挑戦中。小さな試みですが、奥深き土や農の世界にちょっとでも触れた子どもたちが大人になった社会を考えると、JAマンとしてわくわくします。

知っておきたい 有機質肥料と化学肥料の性質と使い方

有機質肥料とは、堆肥や魚粉、油かす、ダイズかす、骨粉、鶏ふんなど、動植物質の有機質成分からなる肥料のこと。

まずは、家庭菜園で使われる代表的な有機質肥料から紹介します。

鶏ふん

安価でよく効く有機質肥料

生と発酵の二種類がある

鶏ふんは価格も安く、とてもよく効く有機質肥料。大きく分けて、生鶏ふんを乾かしただけの「乾燥鶏ふん」と、何度も混ぜて時間をかけて作った「発酵鶏ふん」の二種類があります。

乾燥鶏ふんは手間がかかっていない分、安価なのですが、畑に施した後、植え付けまで一カ月以上はあける必要があります。土の中で微生物が有機質を分解する過程でガスが発生し、それに害虫が寄ってくるからです。においもきついし、家庭菜園には不向きなので、使うときはご用心。

発酵鶏ふんは、窒素、リン酸、カリの三要素をバランスよく含んでいます。だいたいペレット（粒）状で売られており、においも気になりません。私の店では一五キロで販売しています。

ペレット状になって使いやすい発酵鶏ふん

即効性なのでやりすぎに注意

いろんな野菜に使えますが、トマトなどの果菜類や、タマネギなどのリン酸成分を好む野菜は特によく育ちます。また、鶏ふんの周りに白いカビを見受けることもありますが、これは土を活性化してくれる大切な微生物の塊で、心配無用です。

化学肥料同様、即効性が高く、元肥でも追肥でもＯＫですが、やりすぎには注意。とてもよく効くだけに、「肥料あたり」が発生することがあるのです。

「葉っぱばかり茂って、実が成らん」「タネをまいたばってん、いっちょん発芽せんかった」。こんな場合は、だいたい鶏ふんの入れすぎ。化学肥料並みの肥料成分の強さが働いたからでしょう。

施肥量は一坪当たり一キロが目安

施肥量は一坪当たり一キロが目安ですが、与え方にも注意が必要。元肥の場合、植え付けやタネまきは、土に入れてから一～二週間後に。追肥は根に直接当たらないようにするのが重要で、マルチなどで畑を覆っている場合は、根元から離れたところに穴をあけて使います。

なぜ鶏ふんは牛ふんや豚ぷんと違い、アンモニア臭が強く成分が高いのか。それは排せつ物の放出の仕方に違いがあるからです。

ふんとおしっこを別々に出す牛や豚は、体内のアンモニアを尿素に変え、大量の水に溶かして尿として排出します。一方、体を軽くして空を飛ぶ鳥類はアンモニアを尿酸に変え、水を使わずに濃縮して、ふんとおしっこを同時に排出するからです。

マルチの場合は、根から離れたところに穴をあけて使う

油かす

作物のうまみが増す

油かすとは、ナタネやダイズ、ゴマ、ラッカセイのほか、米ぬか、綿の実などから油を搾った油かすのこと。搾った原料によって少しずつ性質が異なりますが、おおよそ、肥料成分の効き方は、一般的な有機質肥料全体の中間。

ダイズの油かすは、有機質肥料のなかでは最も肥効が速いですが、今回は油かす肥料の代表選手、なたね油かすについて。

ゆっくり肥効でうまみが増す

成分は、おおむね窒素（五～六％）、リン酸（二％）、カリ（一％）で、綿実油かすと同じ。化学肥料のような即効性はありませんが、ゆっくりと肥効が現われて微生物の栄養となり、土壌改良効果を発揮。作物の生育パターンによく合い、作物のうまみが増します。

「畑ば、よーとたがやいて、『すて』ば少～しまいときない」とは、糸島のおじいちゃん、おばあちゃんがよく使う言葉。「すて」とは油かすのことで、翻訳すると「畑をよく耕して、油かすを少しまいておきなさい」という意味です。うーん、糸島弁は難しか。

昔と違うのはその中身。流通しているほとんどの油かすは、石油系溶剤「ノルマルヘキサン」を使って搾られた脱脂油かす。ベンゼンを使って油のしみを吸い取るクリーニングのしみ抜きと同じ仕組みで、種子の中の油はほとんど吸い取られていますから、触ってもべたべたしません。

私のお薦めは、昔ながらの物理的に圧をかけた圧搾法で搾られた油かす。かすの中にも五％程度の油分が残ります。圧搾法による油かすは抽出油かすに比べると高めですが、土がより元

左が触るとべたべたする圧搾油かす、右が薬剤で抽出した油かす

気になります。

タネや根に直接触れないように

さて、土壌中の微生物の活動は、低温より高温のほうが活発化します。特に一〇～二五度では微生物が油かすを分解し、無機化していく影響を強く受けます。

地温三〇度の場合、油かす中の窒素は五日目までに急激に分解。その後の分解は徐々に進み、約四〇日で最大になるといわれます。未発酵油かすの肥効は遅効性なので、追肥より元肥に利用したほうがよいでしょう。

移植後 53 日目のプチベール。左は無肥料の培土だけ、右は圧搾油かす 20g を施肥した

使用上の留意点は、施用直後にタネまきすると油かすが土壌水分と反応して発酵が始まり、発生するガスによって発芽が阻害されるため、▽タネまき二週間前に施すこと、▽使いすぎると、土壌中で微生物が分解する過程で発生するアンモニアや亜硝酸ガスによるガス害を引き起こしたり、タネバエなどの食害を助長したりすること、などです。油かすが種子や苗の根に直接触れないよう、まき方にも注意してください。

余談ですが、圧搾法で抽出されたなたね油は精製した油と違い、ミネラルも豊富。あっさりとしていて、口の中に入れたときにふわっと香りが広がります。

圧力をかけて油を搾る玉締め器。下から油が垂れている

カニ殻

キチン質補給で善玉菌増やせ

数ある有機質肥料のなかで、私が注目しているのが「カニ殻」。エビやカブトムシのような甲虫の殻の強度を保つ固い物質「キチン質」を豊富に含む有機質肥料です。

大注目！　カニ殻

カニ殻には米ぬか同様、窒素とリン酸をそれぞれ四％と三％程度含みます。ただし、それらが微生物の働きによって無機化され、栄養吸収できる形になるのは四週間で五〇％くらいと、かなり緩効的。植物の肥料吸収効率は決してよくありませんが、カルシウム、マグネシウムなどのミネラルも含むのも魅力です。

連作障害を引き起こす多くの土壌悪玉菌は、細胞壁にキチン質を含みます。そこにカニ殻を土壌中に施用すると、土壌中にキチン質を大好物とする土壌善玉菌である放線菌類が増加します。そしてキチンを分解する酵素を産生し、土壌悪玉菌の細胞壁を壊すことで、植物の病気が軽減されるわけです。

落ち葉があるから、森林の土が豊かなのではありません。カニやエビなど甲殻類の仲間であるダンゴムシなどが落ち葉を分解すると同時に、自らの死骸はキチン質として土壌菌の餌となることで、理想的なふかふかの土を作り上げているのです。どんな生き物も何らかの役割をもっている。自然は実によくできています。

有機質肥料のよさ

化学的に合成されて作られた無機質肥料は、植物が吸収しやすく、即効性があるのが特徴。これに対し、有機質肥料の肥料成分は一〇〇％植物が吸収できる形にはなりにくく、利用率は六〇～八〇％しかありません。

でも、その遅効性が長所になるのが農業のおもしろさ。微生物に分解されながら徐々に効くから、▽肥料がむだになりにくい、▽濃度障害を抑えて、作物が健康に育つ、▽多くのミネラル（微量要素）を含むため、品質向上に役立つ、▽微生物の餌になることで、有用微生物の繁殖を促進する、などの効果が生まれるのです。

例えば、土壌中のタンパク質は、微生物の働きによって、アミノ酸→アンモニア→亜硝酸→硝酸と形を変えながら、植物に吸収されます。「点滴」のような無機肥料と違い、有機質肥料はその分解過程で多様な微生物がかかわることで、土が肥えていくわけです。

カニ殻 100%の肥料
(アグリ価格で 20kg 3425 円)

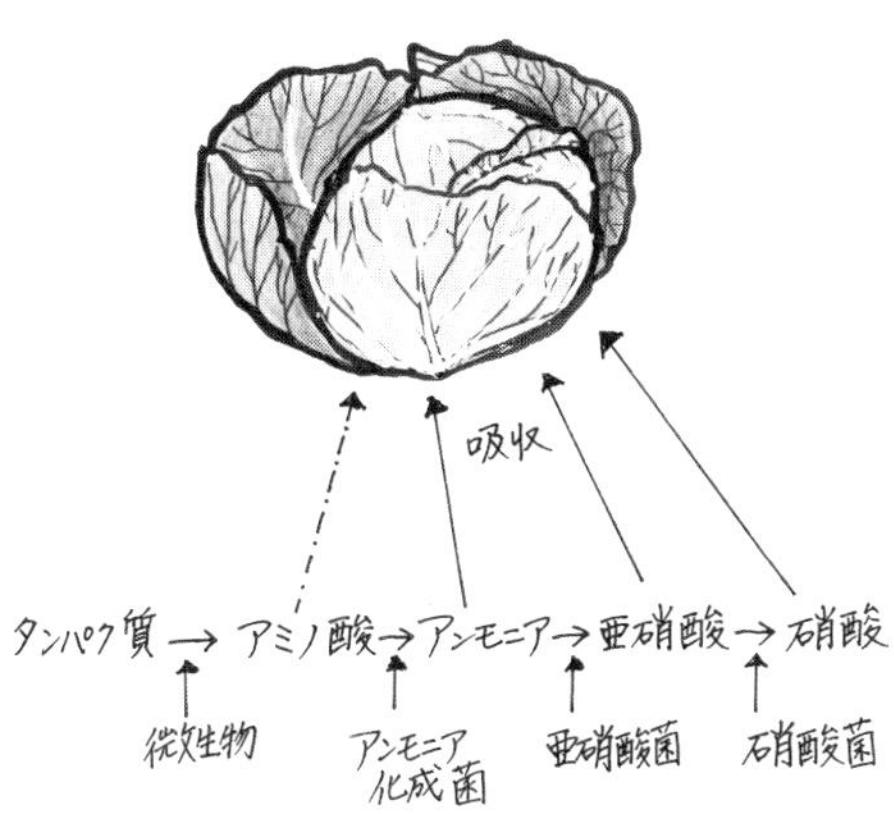

有機物は微生物に分解されながら、植物体が吸収できる形に変化する

●コラム キチン質の話

キチン質については、鳥取大学名誉教授である平野茂博先生（故人）が詳細に研究されました。利用する側はその効果を大げさに語りがちですが、先生はこう書き残しておられます。

「カニ、エビ、シャコなどの乾燥した甲殻は、タンパク質（約三〇％）、炭酸カルシウム（約三〇％）とキチン質（約三〇％）を成分とする」

「カニ殻など土壌への施用は、上述したキチン質の効果とともにタンパク質の分解によるアミノ酸の供給やカルシウムによる酸性土壌の改善（土壌改良）の効用もある。土壌へカニ殻を施用する場合、カニ殻中のタンパク質が土壌中で発酵して植物根の伸長を阻害するので、施用直後に播種や植え付けをしない。夏期で少なくとも二〇～三〇日前、春・秋期で約六〇日前に土壌に全面に散布、または、土中にすきこむ」

「作付けまでの日数をとれない場合には、堆肥づくりにキチン質を混合するとよい」

（農業技術大系土壌施肥編第七―二巻より）

石灰肥料

用途に合わせて使い分け

作付け前に石灰を入れることが多いですが、結構テキトーに使っている方も……。

この際、石灰肥料の適切な使い方を整理しておきましょう。

そもそも石灰肥料の役割は

アルカリ性の石灰を使う目的の一つ目は、土壌のpH（ピーエイチ）調整です。作物の多くは弱酸性土壌を好むのですが、雨などの影響で酸性に傾きすぎると根の伸長を阻害。カルシウム、マグネシウム、カリウムなどの吸収が悪化し、欠乏症を起こしやすくなります。

二つ目は、植物体へのカルシウムの補給。カルシウムはペクチン酸と結合し、植物の細胞膜の生成と強化に関係します。

さらに、①植物体に害をなす「有機酸」を中和、②葉緑素の生成、③病害への抵抗力強化、④硝酸態窒素の吸収を助ける、⑤マグネシウムやカリなどの吸収を調整し、重金属等の有害作用を軽減する、などの働きも。

欠乏すると細胞分裂が盛んな組織である成長点や頂芽、果実の先端などに障害が現れます。トマトの先端が腐れる「尻腐れ症」は、代表的なカルシウム欠乏症です。

いろんな石灰肥料の特徴

代表的な石灰肥料は、石灰岩を焼き、二酸化炭素を放出させた「生石灰」、それに水を加えて反応させた「消石灰」、石灰岩を粉末にした炭酸カルシウム（通称「炭カル」）、ドロマイト鉱石由来の「苦土石灰」、殻を乾燥してそのまま、あるいは加熱して粉砕した「カキ殻石灰」や「ホタテ貝殻石灰」など、さまざまなものが出回っています。

これらの違いの一つがアルカリ分で、消石灰七〇％、苦土石灰五五％、カキ殻石灰四八％となっています。作用の速さ、土壌pH調整効果は、アルカリ分の多い順に早くなります。

また消石灰の成分はカルシウムだけ。一方、苦土石灰はカルシウムに加えマグネシウム、カキ殻石灰はいろんなミネラル分も含みます。

以上のような特徴から、酸性の土壌を改良する場合、土壌酸度を短時間で目標値に調整したい場合は即効性ある消石灰、長期間土壌に働きかけたい場合は苦土石灰やカキ殻石灰がお薦め。迷うようであれば、交互に使うのもよいでしょう。

【野菜とpHの関連】

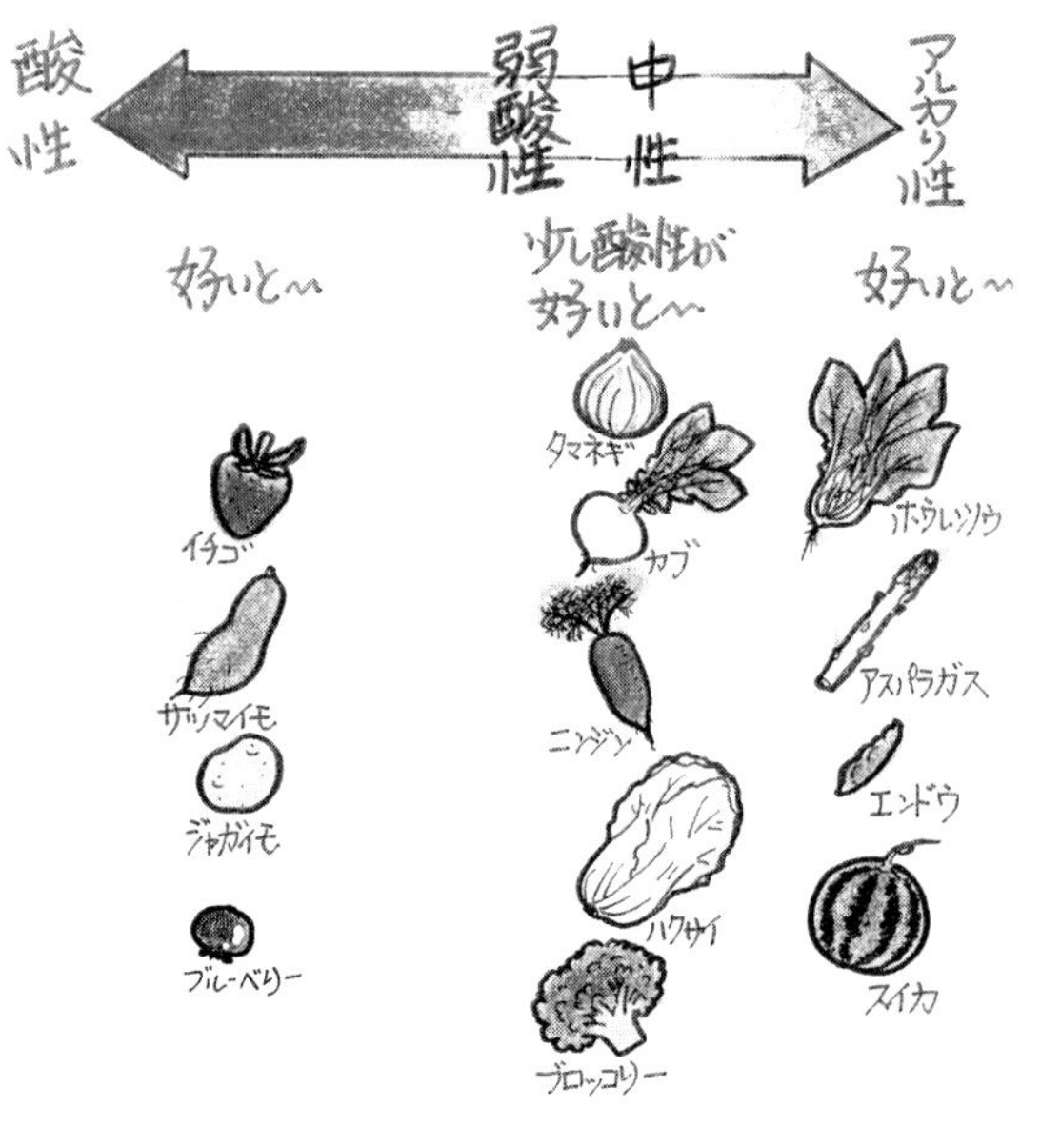

お薦めはカキ殻石灰

私の一押しは、やはりカキ殻石灰です。

JA糸島オリジナルの玄界灘産カキ殻石灰「シーライム」は、①散布後、ゆっくり溶けるため、土壌微生物にダメージを与えにくく、土壌への浸透性が高い、②下層土の改良に役立

【石灰肥料の特徴】（価格は 2016 年 12 月現在）

種類	pH	原料と価格の目安	使い方と特徴
生石灰	強アルカリ性 pH13.4	石灰岩を焼き、CO_2 を放出。水を加えると発熱、消石灰に 841 円（アグリ価格、20kg）	土の中和力は速効的。施用後、必ず7～10日たってから播種、植え付けを行なうこと
消石灰	強アルカリ性 pH13.4	生石灰に水を加え、発熱させた 793 円（同）	施肥後は土とよく混ぜる。水に比較的溶けて効きやすい。土の pH を早期に上げる
苦土石灰	アルカリ性 pH9.7	ドロマイト鉱石を粉末にした 449 円（同）	鉱物系で、ゆっくり溶ける
シーライム	アルカリ性 pH9.7	焼きカキの殻を砕いた 494 円（同）	効きめがおだやかで、土が固くなりにくい
ホワイトカリウ	アルカリ性 pH9.0	ケイ石 1682 円（アグリ価格、20kg）	ケイ素もカルシウムも水に溶けやすく、作物が吸収しやすい

ち、作物が効果的に吸収、③亜鉛やマンガンなどのミネラルも同時補給するので、作物の生理作用を活性化し、品質の向上と各種生理障害を予防する、などの効果があります。

とはいえ、私の店まで買いに来れる人ばかりではないでしょうから、そんなときは、貝殻を原料にした石灰肥料をさがして使ってみてください。

ジャガイモの表面がかさぶた状になる「そうか病」は、土壌pHがアルカリ性に傾くと発生しやすくなります。こんな場合は、土壌pHを上げにくいカルシウム肥料「ホワイトカリウ」がお薦めです。

カルシウム不足は土壌中の養分の量的、質的バランスの乱れから、病害の発生を引き起こしやすくなります。上の表を参考に、上手に石灰を使いこなしましょう。

玄界灘産カキ殻石灰「シーライム」

ケイ酸カリ

鮮度と貯蔵性が向上

「びしっと、背筋の伸びたごたー（ような）トマトば育てたか」

「キュウリば長く収穫したかねー」

病気に強く、うまみがある野菜を育てたいのは皆同じですが、そう簡単にはいきません。現代では、野菜の生育に重要な役割をするミネラル類が、土の中から徐々に欠乏しているからです。

酸性雨などの影響もありますが、戦後、化学肥料などの便利な肥料が次々と登場して野菜栽

石炭の焼却灰から作った肥料「ケイ酸カリ」

【ケイ酸カリを使った根張りの違い（ナス）】

ケイ酸カリを使ったナスの根。使っていない対象区に比べ根の張りがよい

培の省力化が進み、牛ふん堆肥や生ごみ堆肥などの有機肥料の投入が減ったのも原因の一つ。

光合成を高める肥料としてお薦め

でも、有機肥料は入れればよいというわけではありません。よく使われる油かすを筆頭に、土の三大栄養素の一つで、「ヒカリ肥料」と呼ばれ、光合成機能を高めるカリ分を含んでいる素材が少ないため、どうしても栄養が偏りやすいのです。

それを補うため、お薦めしているのが、火力発電所から出る石炭の燃焼灰を主体とした肥料「ケイ酸カリ」。

ケイ酸カリを使っていない対象区

この肥料は、水に溶けてすぐに効く代わりに、雨などによって流亡しやすい「水溶性」ではなく、土壌中の有機酸や根を出す根酸など薄い酸にのみ溶ける「く溶性」であるため、持続的に効きます。

細胞壁を強固にするカルシウムの吸収を促進させて病原菌の侵入を阻止する働きがあり、「植物のよろい」ともいわれるケイ酸を含むこの肥料の最大の特徴は、収穫後の野菜の鮮度、貯蔵性が向上すること。不足しがちなカリ成分が補われることによって作物にストレスを与えず、根の活力が維持されるためだと考えられており、特にカリ成分を好むジャガイモやサツマイモとは相性抜群です。

施用量は一坪当たり湯のみ二～三杯

使うときは、▽市販の化学肥料などの野菜肥料、▽有機配合肥料、▽鶏ふんなどの有機質、などの元肥と一緒に入れ、土としっかり混ぜること。根が張って初めて吸収される肥料だからです。根物、葉物、実物野菜のほか、草花、果樹など作物は選びません。ほとんどの植物に利用できます。

与える量は一坪当たり八〇～一二〇グラム。お湯のみ二～三杯が目安です。急に野菜が大きくなるとか、成分が早く効くなどの即効性はありませんが、人の目につくことのない根の張りが、野菜の底力を支えます。ＪＡの各店舗で二〇キロ二六〇〇円前後で販売しています。

肥料袋の背番号

N、P、Kの含有率を示す

作物を育てるのに、堆肥や石灰とともに使う肥料。油かすなどの有機質肥料や、硫酸アンモニウム（硫安）などの化成肥料、液体肥料（液肥）など、いろんな種類がありますが、袋をよーく見ると、袋の表や裏に「12-15-10」や「5-2-2」などの数字が……。

この数字、何を表わしているかご存知ですか？

ヨンパチば、やんなっせーや

「ヨンパチば、やんなっせーや」。今日も常連のおじいちゃんがやってきて、袋の表に背番号のように「48」と書かれた肥料「くみあい48号」（写真）を軽トラックに積み込みました。

袋の裏の「16-16-16」という数を足すと48になることから、そんな愛称で呼ばれるのですが、この数字は葉が出て花が咲き、根が太る肥料成分である窒素（N）、リン酸（P）、カリ（K）の含有率。その肥料一〇〇グラム中に、有効な窒素一六グラム、リン酸一六グラム、カリ一六グラムを含むことを示します。

高度化成と普通化成

窒素、リン酸、カリ、この三つの数字の和が三〇以上の化成肥料を「高度化成」、三〇より小さいと「普通化成」と呼びます。

数値が高いほうが施肥量は少なくてすみますが、肥料濃度が高いため、作物の根などが直接肥料に触れると、根腐れなどの肥料の濃度障害を起こす危険性が高まります。このため、使う際には、ある程度株から離し、根がいずれ伸びてくるところを見極め、溝や穴を掘って埋めておくなど、細心の注意が求められます。

最近では有機入りの化成肥料が数多くみられます。写真はその一例。三つの数字は「8-8-8」と書かれていますが、少し上のほうに「有機含有率六〇％」とあります。これは、窒素の含有率のうち、その六〇％が有機物によるものだということを表わしています。この肥料は、化成肥料だけで配合されているのではないんですよ、とアピールしているんですね。ほとんどの場合、同じ成分含有量であれば、価格は高くなっています。

プロたちの目のつけどころ

さて、プロはこの数字をどう利用するか。

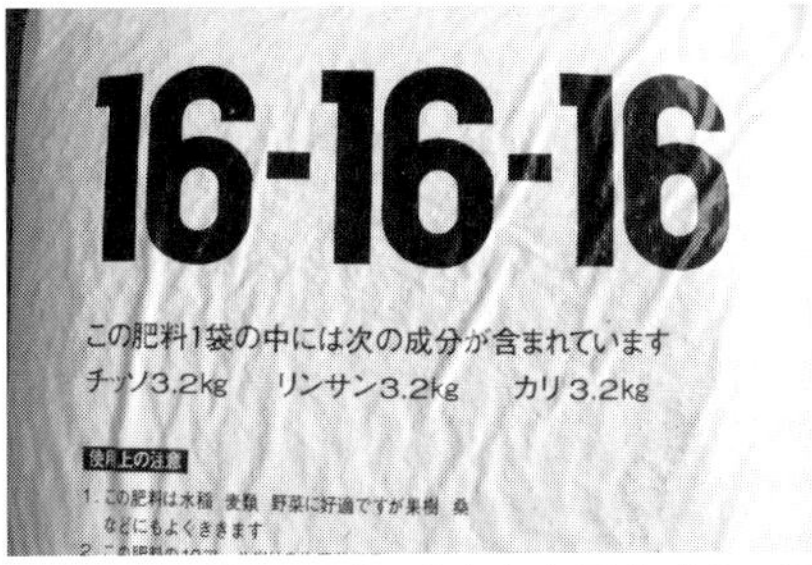

窒素、リン酸、カリの含有率を示す「ヨンパチ」の袋の裏面

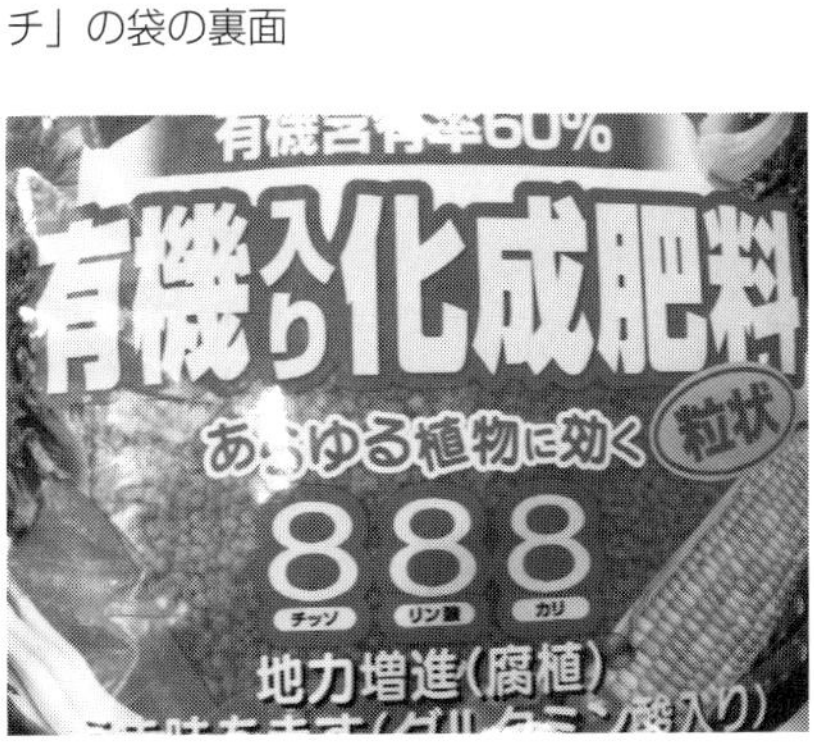

肥料は袋の数字に気をつけて選ぼう

背番号のような「ヨンパチ」の袋の表

農園芸作物の栽培技術指導では、各作物に対し、単位面積当たり何キロの窒素、リン酸、カリを与えるかという指標「施肥規準」が目安になります。

福岡県の場合、コマツナの基準は一〇アール当たり一〇キロの窒素の元肥が必要とされていますから、「8-8-8」の肥料を使うなら一二〇キロ強（坪当たり四〇〇グラム）、前述のヨンパチ「16-16-16」ならその半分の六〇キロ（坪当たり二〇〇グラム）弱を、それぞれ与えればよいことになります。

とはいえ、指標はあくまで指標。窒素、リン酸、カリは、ヒトでいえば、炭水化物、タンパク質、脂肪にあたります。ビタミンやミネラルなどの過不足、運動、休養などによって健康の度合いが変わるように、土のメカニズムは非常に複雑。窒素、リン酸、カリの数字だけ見ていても上等な作物は作れません。

微生物が働きやすい環境を作るため、有機物や「アヅミン」などの腐植酸、カキ殻石灰やケイ酸カリなどのミネラル類をしっかり土に補給して地力を作り上げる。常に葉の色など作物の状態を観察しながら、作物が必要な分だけの肥料を与える。それが農業の楽しさでもあり、生き生きした作物を育てるコツです。

●ドクター・コトーお薦め●

健康機能性抜群！ 彩り野菜にラブコール

数ある種子のなかで、私がこだわっているのが、野菜の色素成分。例えば、紫色の野菜にたっぷり含まれる抗酸化物質ポリフェノールの一種「アントシアニン」には動脈硬化予防、炎症を抑える、肝機能障害の軽減、目の健康維持など、さまざまな機能があるといわれています。

春まきの紫野菜

三月にタネをまき、五月に収穫できるものだけでも思いつくのは、▽軸が鮮やかな赤紫の「赤ミズナ」、▽葉の付け根が紫で美しい「紫首カブ」、▽ピリッとした辛さが魅力の「サラダ赤カラシナ」、▽赤い茎の「赤サラダホウレンソウ」、▽根が赤く発色する「赤根ホウレンソウ」、▽栄養満点の「赤葉リーフレタス」。

赤ミズナの場合、アントシアニンの含有量は従来品種の一〇倍以上。低温の中で育つとさらに含有量が増えます。

秋まきの紫野菜

秋まきだと、紫カリフラワー、赤タマネギ、紅菜苔《こうさいたい》…。紫キャベツもお薦めですが、この紫色の色素もアントシアニンです。アントシアニンには油に溶ける脂溶性のものもありますが、紫キャベツのそれは水に溶けやすく、煮汁は紫色。この煮汁は酸性、アルカリ性を判別するリトマス紙のような機能があり、酸性のものを加えると赤色に、アルカリ性のものを加えると緑色になります。酢を加えると赤くなるので、紫キャベツを酢漬けすると、紫ではなく赤く染まります。

一度、紫ダイコンや紫キャベツにレモン汁をかけて食べてみてください。鮮やかな赤色に変わりますから。

レモン汁をかけて赤く染まった紫ダイコン

●コラム

オリジナル商品誕生秘話

土壌改良資材 シーライム エッグライム

糸島の名産カキの殻を粉砕して商品化したのが「シーライム（海の石灰）」。カキ小屋での焼きカキは糸島の冬の風物詩ですが、その陰で大量のカキ殻が発生し、処理が大きな課題となっていました。ならば、このカキ殻をカルシウムやミネラル豊富な土壌改良剤の原料にしようではないか……。

「シーライム」の原料となるカキ殻

●話は簡単なのだが……

余ったものをリサイクルして、意味ある資材を生み出す。お話はもっともなのですが、実は、これはトンデモナイ難題を抱えていたのです。というのは、カキ殻の分別をどうするかが考えられていなかったからです。

カキ小屋も、大勢のお客さんが押しかけるなか、満足して帰ってもらうため精一杯頑張っています。

「カキ殻だけを分別してもろうてですね……」

「なんばいいようとね、そげんかことのできるわけなかろうが！」

カキ小屋にカキ殻の分別をお願いしに行った私は、客でごった返す店の中で返事に困りました。

たしかにそうなのです。廃棄されたカキ殻の容器には、タバコの吸い殻、ちり紙など、いろんなものがごっちゃに入っていて、それを分別するのは容易ではありません。自分でやってみるとよくわかります。気が滅入ってくるのです……。頭ではリサイクルの意味はわかっていても、こんなことを何百トンものカキ殻でやるなんてとてもできません。

じゃあどうするか？

●色違いのバケツを持って走る

私は諦めの悪い男です。次のときには、黄色いバケツと青色のバケツをたくさん持って、カキ小屋にお願いしに回りました。「黄色のバケツにはカキ殻、青いバケツには一般ごみをお客さんに入れてもろうてですね」と必死に説明して、バケツを置いて回ったのです。

気持ちというのは伝わるものですね。カキ小屋の従業員の方が、お客さんの前でうまいこと実演しながら、お客さんに説明してくださるようになったのです。漁協では、分別のポスターやステッカーまで作ってくださいました。

おもしろいもので、一組のお客さんが分別をしてくれると、その行動が伝染していくこともわかりました。

「ふざけんな」とまでいわれたカキ殻の分別が、今では八〇％できるようになりました。

地域の力はすごいものです！

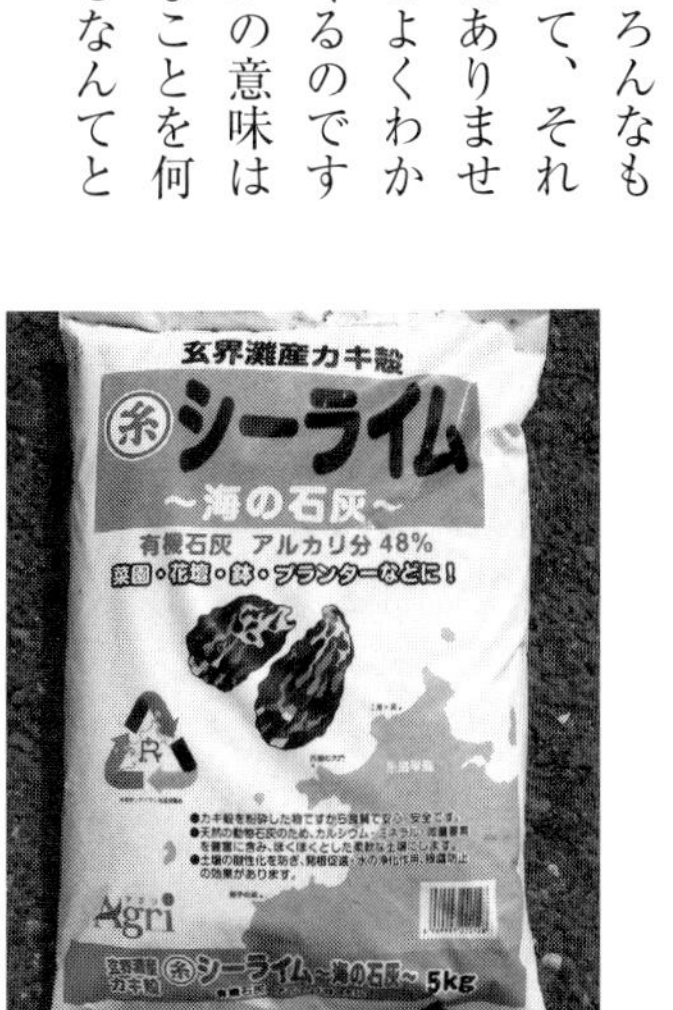

●野菜が大きく育つと人気商品に

最初はフライパンでカキ殻を焼いて、それを金槌で粉にして自分の畑で試すことから始めていましたが、今ではシタマ石灰（有）の協力を得て土壌改良資材「シーライム」が完成しています。なんと、一年間に二万五〇〇〇袋（一袋二〇キロ入り）も売れる、アグリの人気商品に成長しています。

川に流れ込んだ山の養分が海へと流れ込み、玄海灘のカキを育み、その殻は畑などの大地に戻り、おいしい農産物を生み出してくれるのです。

ＪＡ糸島、糸島漁協、カキ漁業者、シタマ石灰（有）、県、市などの関係機関の連携で、現在では五〇〇トン前後の焼きカキ殻のリサイクルが可能となり、ごみの減量に大きく貢献しています。

●姉妹編「エッグライム」も誕生

カキ殻だけでなく、地域の食品製造会社から出る卵殻を回収し、カキ殻と卵殻をブレンドしたのが「エッグライム」です。内容表示は国産（一部糸島産）の卵殻（炭酸カルシウム）六〇％、玄界灘産のカキ殻三〇％、く溶性苦土（マグネシウム）一〇％です。

カキ殻には植物の生育に必要なミネラルが含まれ、微細な穴があいた卵殻は土壌をやわらかくする作用があるとして、二種類のカルシウム資材のよさを引き出した循環型肥料として人気商品となっています。

量り売りOK Dr コトーの Happy 肥料

ちょっと気恥ずかしいのですが、「Dr コトーの Happy 肥料」という化成肥料もオリジナルです。8-9-8の万能型肥料ですが、人気の秘密は詰め替え式にしたことです。空になったらボトルだけ持って来てもらい、次回は一〇〇円で中身だけ売る仕組みです。

肥料の量り売りは法律上禁止されています。でも、需要があると思って県の許可を取り付け、九州で最初に取り組みました。

家庭菜園やプランターで野菜を楽しんでいる人たちにとって、一種類の肥料だけで二〇キログラムだと持て余してしまいます。狙いは大当たりです。繰り返し来店してくれるリピーターもできました。ごみも出ないし喜ばれています。もちろんプロ農家には二〇キログラムの専用袋での販売もしています。

食品残渣利用の有機液肥 エコアース

量り売りは液肥でもやっています。エコアースはオリジナル商品でなく、全農が片倉チッカリンに製造委託している液肥。

麦焼酎の搾りかすや食品残渣を利用したリサイクル肥料で、やはりお客さんに喜ばれています。

写真は、売り場にある液体肥料の量り売り。二リットルボトルが三八一円で、中身だけなら一リットル一二九円で販売しています。年間一五トンも売れるヒット商品になっています

そのほかにも、サトウキビから作った追肥専用の有機配合「アグリV追肥」や地元資材で作った「よかよー土君」など、今も次々にオリジナル新商品開発中です。

さあ　育てよう

栄養たっぷりの極上野菜

春～夏に育てる野菜

４月に入ると、ホームセンターや種苗店には苗のコーナーが

早植え禁止

春、四月上旬ともなると、ホームセンターや種苗店には春野菜の苗の特設コーナーが作られ、本格的な苗販売が始まります。私たちの店ＪＡ糸島アグリでも、毎年同じ光景が繰り返されます。ただ、ＪＡの野菜作りアドバイザーとしては、少々気になることがあります。

というのも、年々少しずつ苗の販売時期が早まってきたように思うからです。

お店に苗を買いに来られる方も、最近はどうも、「早く植えれば早く収穫できる」と考えている初心者の方が多いようです。そんな気持ちに応えなければというので、店のほうも販売が早くなりすぎるきらいがあります。しかし、春野菜の早植えは失敗のもと、低温障害で失敗する例がとても多いのです。「早く植えたい」という気持ちはわかるのですが、まずはここでひと呼吸。

春夏野菜でも適温はうんと違う

春夏野菜といえば、真夏の気温三〇度を超える猛暑にも耐えるのですが、寒さにはそう強くありません。

表に、主な春夏野菜の生育適温と発芽適温、それに原産地をまとめてみました。一つ一つの野菜を見ると、同じ春夏野菜といっても、生育適温や発芽適温に差があるのがわかります。品種改良によって耐病性や収量、食味などは向上しているのですが、生育温度や発芽温度に関しては、原種がもつ遺伝的特徴はそう簡単には変えられないからです。

例えばナス。ホームセンターの店頭では、同じ春夏野菜のキュウリなどと一緒に並べられていますが、これは一緒に植えてはいけません。ナスのほうが低温に対して弱いからです。

四月にナスの苗を買ってすぐに定植した場合、露地で一〇度以下の低温にあうと、葉は縮んで根は弱り、生育がどんどん遅れてしまいます。ですから、ナスの植え付けの適期は、晩霜の危険がなくなり、地温一五度が確保できるころで、五月上旬の植え付けがベスト。

四月に買ってすぐに植えるより、一カ月遅い五月上旬に植えたナスのほうが安定して生育し、立派に育ちます。ピーマンも、ナスと同じタイプの野菜です。

タネをまく場合も同じで、高温性野菜のオクラは、タネをまいた後に低温にあうと発芽しなかったり、発芽しても枯れてしまったりします。

【主な野菜の生育適温・発芽温度と原産地】 （単位は℃）

	野菜	最低温度	生育適温	最高温度	発芽適温	原産地	特徴
高温性	インゲン	10	15～28	30	20～23	中南米	豆類の中では、高温性を好む
	オクラ	10	25～28	30	25～30	アフリカ北東部	好光性で乾燥に強い
	スイートコーン	10	28～32	35	25～32	中南米	吸肥力が特に強い
	ピーマン	10	25～30	35	30～35	熱帯南アメリカ	枝が細く、風に弱い
	モロヘイヤ	10	25～30	28	25～28	中近東	日が短くなると開花し、品質が低下
	スイカ	13	25～30	37	25～30	南アフリカ	連作に特に弱い
	ニガウリ	15	20～30	35	25～30	熱帯アジア	生育の前半は緩慢
	ナス	17	25～30	34	25～30	インド東部	果実の着色は光線に敏感
	エンサイ	20	25～30	30	20～30	熱帯アジア	多湿の土壌を特に好む
	シソ	20	20～25	30	22～23	中国中南部	発芽には光を要する
	ツルムラサキ	20	20～25	30	20～30	熱帯アジア	種子は硬く、吸水させてまく
中温性	トマト	5	21～26	35	20～30	南米アンデス山地	果菜の中では強い光が好き
	カボチャ	10	18～25	30	20～25	北米大陸	土壌病害に強く、連作が可能
	キュウリ	12	18～25	30	25～30	インド	根の酸素要求量は最大級

苗を早く買ったら「順化管理」

とはいえ、苗を早く買ってしまったときは、「順化管理」をして植えるのがお薦めです。

　一般に販売されている野菜苗は、ビニールハウスなどの施設の中で、大切に育てられています。店頭にはそうして育てられた苗が並んでいるわけです。暖かい環境で育った苗を買って、それをいきなり夜も冷える寒い露地の菜園に植えたら、苗がビックリしてしまいます。

　そこで、購入したら、いきなり畑に植えるのはやめて、三～五日間寒さに当たらない場所、例えば日の当たる縁側とか玄関などに置いて、水やりを控えめにしながら育てて、環境に慣らしてから植えます。これが「順化管理」です。
　ただし、暗いところでこの作業を行なうと、苗が光を求めて徒長するので、明るいところに置いて管理するのがポイントです。
　売るほうが悪い……そう思って、かつて私たちも農業の専門であるJAのプライドをかけて、苗が低温にあう危険性を避けようと、ほかの店より時期を遅らせて苗ものを販売したことがあります。ところが、苗がたくさん残ってしまい、泣く泣く廃棄処分にせざるを得ませんでした。
　苗がなくなってしまっては元も子もないと、早めに苗を確保しておきたい気持ちもよくわかるだけに、翌年からは、よそより早く売り始めることはありませんが、遅れないように店頭に苗を並べています。つらいところです。

苗選び　目のつけどころ

店頭に野菜苗が並び始めると、気持ちはいやがうえにも高まってきます。収穫を左右する苗選びについて解説しましょう。

【トマト】

本葉が七枚以上あり、先端に花芽がついている苗を植えます（写真右）。

ところが、左のような本葉が三枚程度の若い苗を植えると、肥料をどんどん吸収してしまい、葉や茎は立派になるのですが、逆に実はつきにくくなります。

【ナス】

長期間収穫可能なナスは、高温が好きな作物です。タネまきから開化まで六〇～七〇日もかかるほどゆっくり成長するのが特徴なので、定植後の初期生育は、ストレスをかけないようにのびのびと育てるのがポイント。

直径九センチのポリポットで栽培されている市販の苗を買ったらすぐには植えないで、写真のように、いったん一五センチのポリポットに移植します。一手間かけて大きな苗にしてから、五月上旬に畑に定植するほうが、たくさんの収穫が期待できます。

【ウリ科（キュウリ、メロン、マクワウリ、スイカ）】

根の再生力が弱いため、本葉が三枚未満の若い苗を定植するのが基本です。キュウリの場合は、店頭で本葉が六枚以上ある苗の根は老化しており、定植後の根の活着が悪いので、選んではいけません。

トマト　本葉が７枚以上あり、先端に花芽がついている苗。左のような若苗は実がつきにくくなる

ナス　左のような若苗は石ナスになりやすいので、大きなポットに移して右のように育ててから定植

キュウリ　本葉３枚未満の若苗が理想。店頭で６枚以上あるのは根が老化

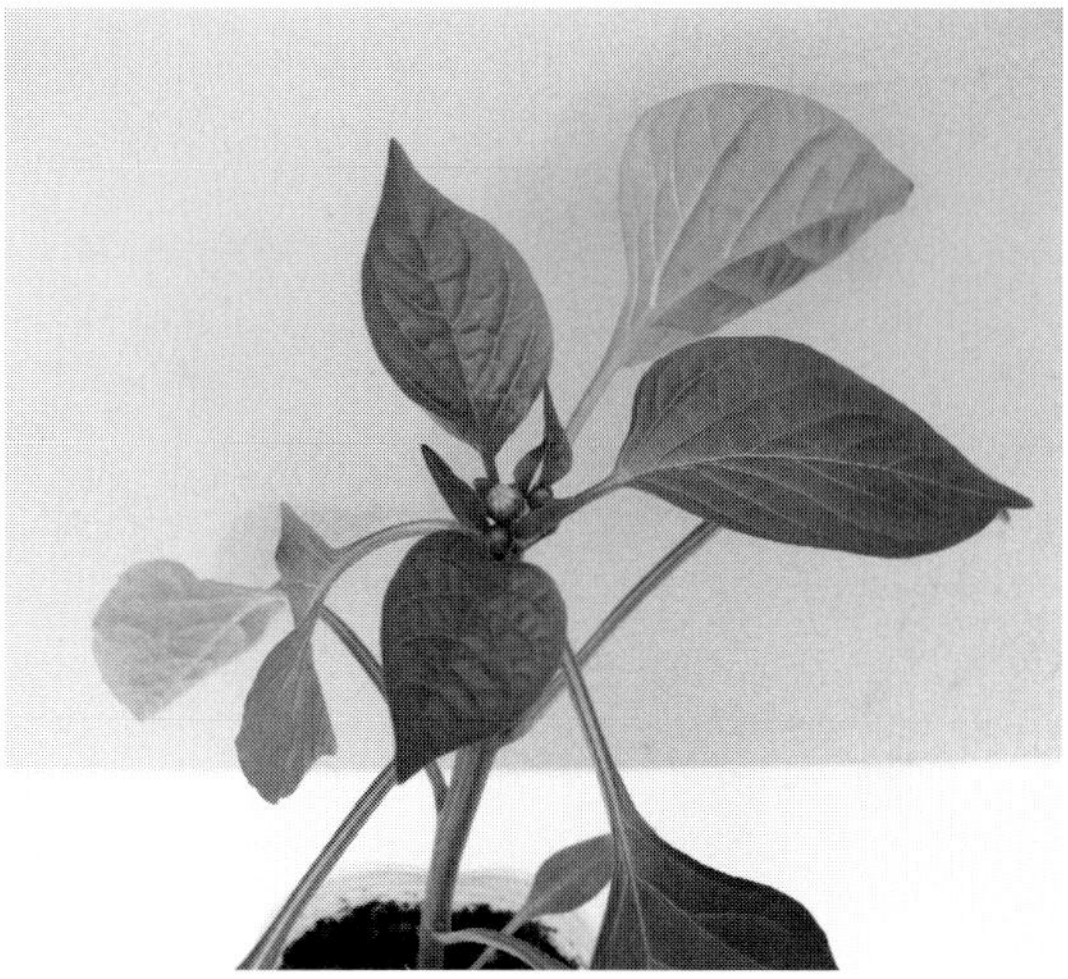

ピーマン　一番花が咲き始める頃の苗がベスト

【ピーマン】

植え付けは、写真のように、一番花の咲き始める頃が最適です。若苗は茂りすぎ、老化苗は活着不良となり、順調な初期生育は望めません。

あせりは禁物。南方系の外来種が多い春夏野菜は低温に弱く、早植えは危険なのです。

比較的低温に強いトマトやウリ科の苗は、気候が安定する二十四節気（一二二ページ参照）の「穀雨」（四月二十日頃）、ナスやピーマン、オクラなどの高温性野菜は「立夏」（五月六日頃）をめどに植えるのが基本。

早めに苗を買った場合は、この時期の急激な気温低下でやられないように、前述した外気温に慣らす順化を行なってから植えるのが賢明です。

【接木苗の植え付け方】

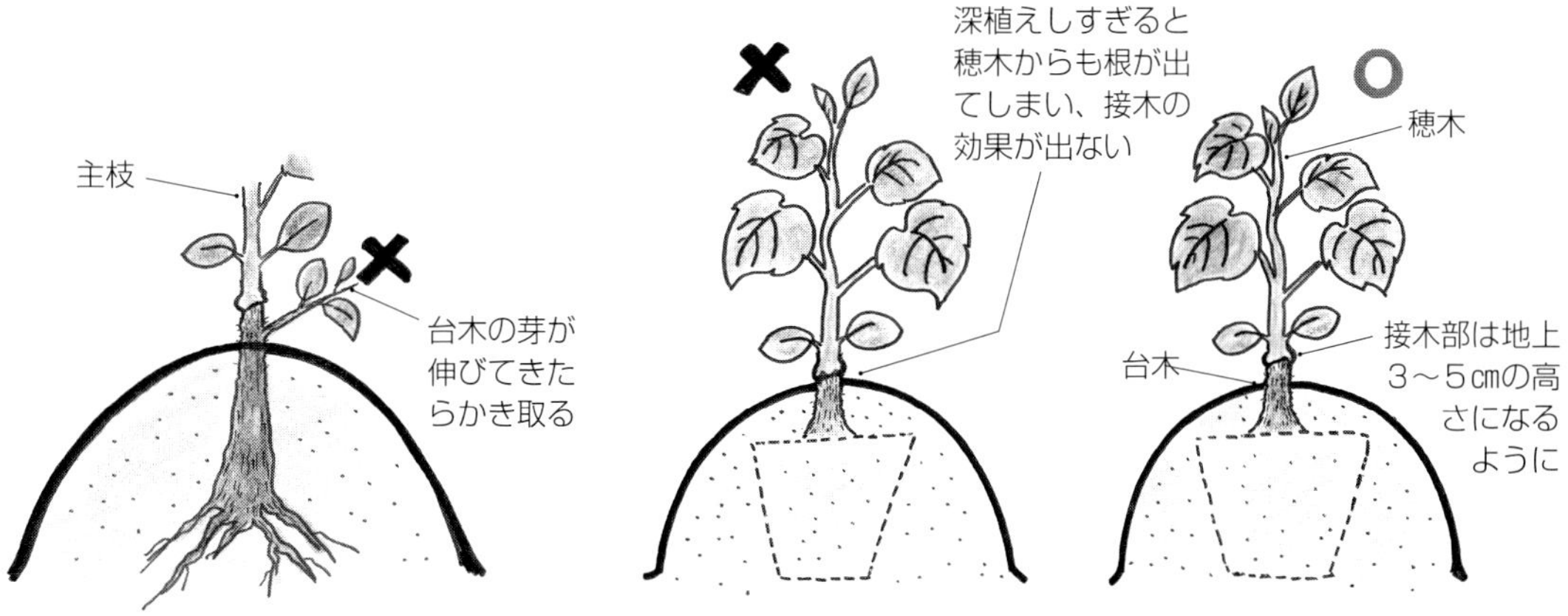
主枝
台木の芽が伸びてきたらかき取る
深植えしすぎると穂木からも根が出てしまい、接木の効果が出ない
穂木
台木
接木部は地上3～5㎝の高さになるように

接木苗は接木部を地上三～五センチの高さに

果菜苗は接木苗もたくさん売られています。接木苗の場合は、深植えしてはいけません。深植えすると穂木（上のほう）から根が伸び出すため、接木の効果が現われなくなるからです。

植えるときは、接ぎ木した部分が地上三～五センチの高さになるようにし、台木（下の部分）から芽が出たら、こまめに取り除いてください。

ショウガ

地温を上げて乾燥防止につとめる

コツ ①土のpHを六・五以上に改良
②植えてからは、株間を敷きわらか黒マルチで被覆

●ショウガの楽しみ七変化

自分で栽培すれば、▽葉が四枚程度の頃にかき取って収穫した矢(筆)ショウガ、▽もう少し生育させて収穫した葉(谷中《やなか》)ショウガ、▽根が肥大した新ショウガ、▽さらに葉が枯れるまで収穫を遅らせて肥大させた大ショウガ、▽新ショウガの親である種ショウガ(古根《ひね》)を食べることができます。

一度に収穫しないことで、長期間にわたってさまざまなショウガを楽しむことができます。

●ショウガからのお願い

特に弱いのが連作、pH五・〇以下の酸性土壌、乾燥。根が貧弱で再生能力は低く、低温も嫌います。

栽培には、①健全な種ショウガを準備(種子では増えない)、②堆肥は多めに使い、肥料も元肥、追肥とていねいに、③梅雨明け後の高温乾燥に注意、④日当たりのよい畑を選ぶなどの配慮が必要です。

●植え方・育て方

大ショウガまで育てて収穫する場合、種ショウガは一坪当たり二〇株(二キロ)を準備。一塊一〇〇グラムを目安に種ショウガを手で割り、切り口には腐敗予防でシリカ(ケイ酸塩白土)を振りかけます。

こぶのところに、子どもの小さな歯のような膨らみをした芽があるのも確認しておきましょう。

ウネは幅六〇センチ、高さ二〇センチ、株間三〇センチ、深さ七〜八センチを目安に植え付けます。半端な塊は二〜三個まとめてOK。

乾燥防止のため、株間はわらを敷きつめるか、黒いポリフィルムで土を覆うマルチを行ないます。

●発芽するまで一カ月

発芽するまで一カ月程度かかります。二〇度以上の地温が必要なので(最適は三〇度)、安定的に早く発芽させたかったら、十分水をやったあと、全面に黒マルチして地温を上げます。芽が出始めたらマルチを破り、新芽が高温障害にあわないようにします。

その後は、ネキリムシやアワノメイガなどの幼虫の食害に注意。見かけたら手で取り、追肥を行なってショウガの肥大を促進します。

【植え付け方】

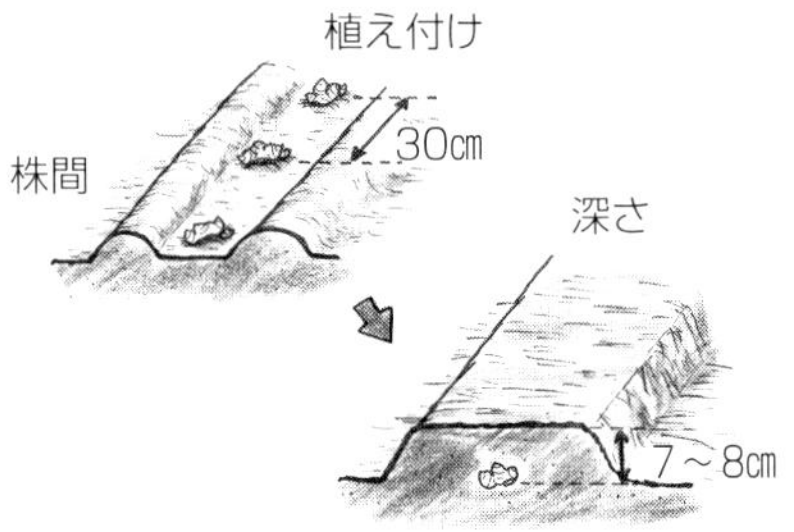

●土作り(1坪当たり)
馬ふん堆肥 10kg、カキ殻石灰 600g、ケイ酸カリ 80g、FTE 顆粒 14g
●肥料(1坪当たり)
ぼかし 300g、有機化成配合肥料 650g

土の表面が乾かないようにわらを敷く。乾燥が続けば水を与える

1片が100ｇ前後の大きさになるよう手で分割する

種ショウガは、こぶの部分の芽が少し膨らんでから植え付ける

小片は2〜3個ずつまとめて植える

サトイモ

堆肥で作り、乾燥させない

コツ ①植え付けあせらず地温一五度で　②芽は太いのを一本だけ　③土寄せしっかり

お薦め品種は、栽培しやすく煮崩れしにくい土垂《どだれ》。ぬめりとねっとり、イモのつきもよくて病気に強い石川早生《いしかわわせ》、クリのようなほっくり感がある八《や》つ頭《がしら》も人気です。

●植えるのは地温一五度以上で

栽培時は、連作に注意。イモの腐敗病や、センチュウによって葉が枯れてしまう被害が増えるからです。また植えどきは、地温が一五度以上になる四月中旬以降。早植えすると低温障害で腐りやすくなります。

「堆肥で作れ」といわれるサトイモ栽培は、良質な堆肥を使う一方で、肥料や石灰を入れすぎないことがポイントです。

●植え方・育て方

タネイモは一個五〇グラム程度で丸みを帯び、芽のしっかりした球を選びます。

植え付けの際は、一坪当たり一〇個を目安に、頂芽（種芽のとがった部分）から地表までの深さを一五センチにそろえます。この後、土寄せ作業がありますから、初心者は一ウネに二列植えるより、一列のほうが無難でしょう。

植え付け後、三〇〜四〇日程度で出芽が始まり、一〇日程度で芽が出そろいます。一つのタネイモから二つ以上の芽が出たら、葉が二〜三枚のときに、最も太くて強い芽だけを一本残し、ほかは株元から除去します。

葉が五〜六枚になり、子イモが肥大を始めたら、一回目の土寄せ（五センチ程度）と追肥を実施。七月中・下旬〜八月上旬、孫イモが肥大しだす頃、二回目の土寄せ（一〇センチ程度）と追肥です。

●かん水たっぷりで乾燥防止

水の管理も大事。真夏に乾燥するとイモが大きくならないうえ、ひび割れして腐ってしまったり、ガリガリとしたおいしくない「水晶芋」になったり。梅雨明け後、雨が降らない場合は、ウネの上にわらなどを敷いて乾燥を防ぐとともに、週に一〜二回程度、たっぷり水を与えます。

早生品種は九月から収穫できますが、一般的には霜に一〜二回あい、親イモの葉が枯れるころが収穫適期となります。

【植えるときは間隔や深さに気を配ること】

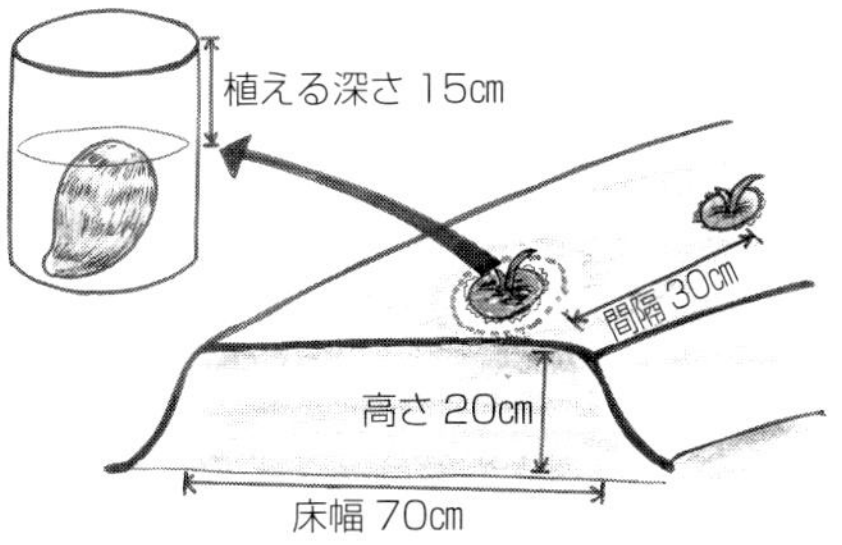
植える深さ 15cm
間隔 30cm
高さ 20cm
床幅 70cm

【植える深さによって出来が変わる】

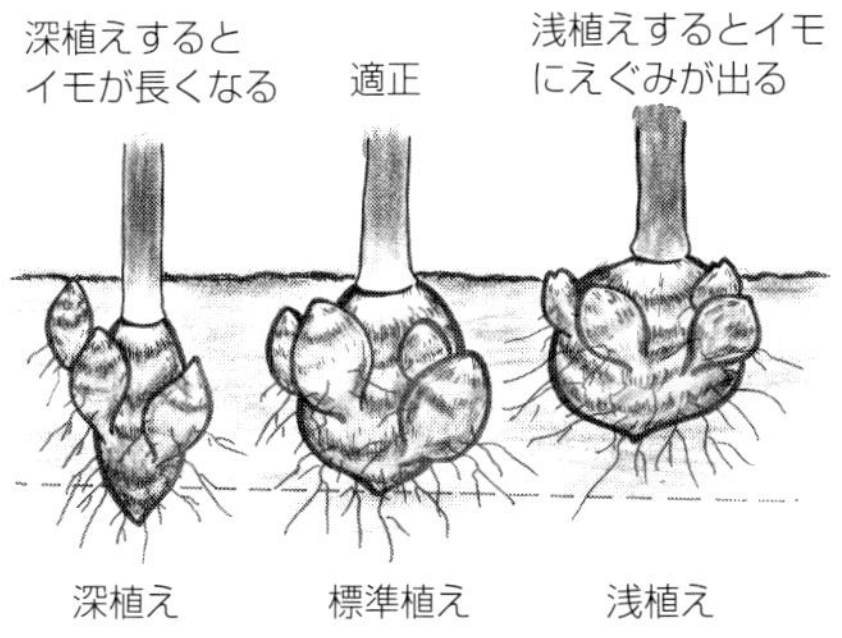
深植えすると
イモが長くなる
適正
浅植えするとイモ
にえぐみが出る
深植え
標準植え
浅植え

【土寄せ作業はとても大事】

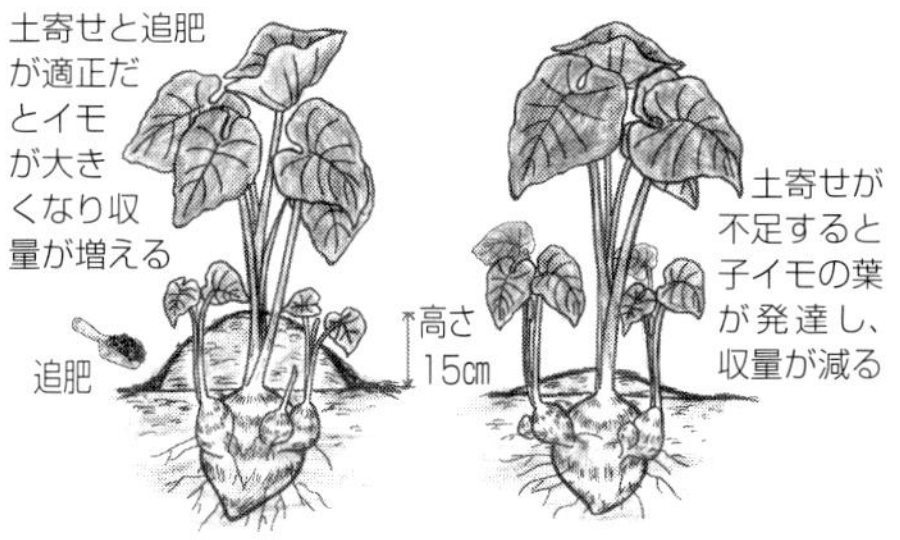
土寄せと追肥
が適正だ
とイモ
が大き
くなり収
量が増える
追肥
高さ
15cm
土寄せが
不足すると
子イモの葉
が発達し、
収量が減る

●堆肥（１坪当たり）
8kg（店では、美豚堆肥と樹皮堆肥を各4kgずつ）
●肥料（１坪当たり）
カキ殻石灰 200g、ケイ酸カリ 80g、イモ専用肥料 250g

トマト

産毛いっぱいの育ちで、絶妙の甘みと酸みに

コツ
①葉七枚以上のつぼみつき苗を秘技「斜め植え」
②ケイ酸・石灰たっぷりで水は控えめ

「今年のトマトはうまかー!」と叫ぶためのポイントをお教えしましょう。

●おいしさのサイン

トマト好きの方に質問です。「ベースグリーン」「スターマーク」って聞いたことがありますか。

一度食べてみたい? 残念ながら食べられません。これは新しい品種の名前ではなく、おいしいトマトができるときに現われるサインだからです。

ベースグリーンは、トマトがまだ青い段階に、へたから反対側のお尻の頂点(花落ち)に向かって出る濃いグリーンの帯状の線。完熟すると消えますが、この線が強く出たトマトほど糖度が高くなります。

【トマトのおいしさのサイン】

ベースグリーン

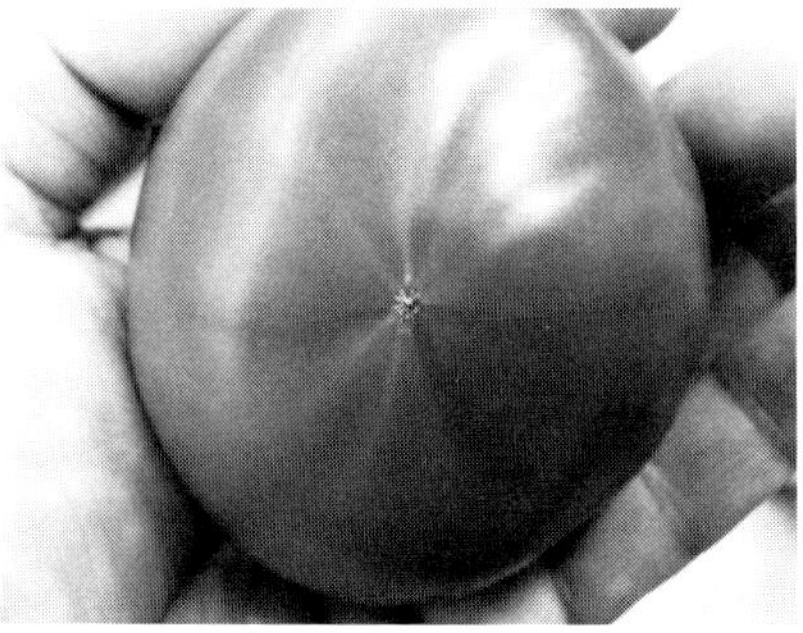

スターマーク

スターマークは、赤くなったトマトの花落ちから放射状に広がった線のこと。これもあれば糖度が高いトマトが味わえます。

では、これらのサインが出るようなトマト作りのポイントを。

うまかー と叫ばせるための トマト栽培六カ条

第一条　定植は焦らない

まず植え込みの時期。春夏野菜は低温に弱いため、変わりやすい春の気候が安定する四月下旬、気温も上昇してくる二十四節気の「穀雨」(一二二ページ参照)がお薦めです。

日照が大好きなので、日の当たる畑は必須。また植える面積が狭くても、密に植えてはいけません。疎植がいいです。つぼみがついている方向に実が成りますから、何本か定植するときは、方向をそろえたほうが収穫が楽です

第二条　苗は本葉七~八枚で

苗は、必ず本葉が七~八枚(幼い葉は除く)で、米粒大のつぼみつきのものを。つぼみもなく、葉の枚数が少ない若い苗は貪欲に肥料を吸収し、茎太で濃い葉色の生育をしますが、肝心の実がつきにくくなります。

第三条　植える畑を踏み固める

トマトの原産地アンデスは、栄養が少なくガチガチの土。植えるウネの表面の土を、あらかじめ足で踏み固めてから植えるといいでしょう。このほうが、がっちりした元気な根が育ちます。

連作障害の心配があるので、昨年トマトを育てた場所はもちろんですが、ナスやピーマン、トウガラシ、それからジャガイモなど、トマトと同じナス科の野菜を育てた場所は避けます。

第四条　秘技―斜め植え!

苗を植え付けるときは、平ぐわの背で固めた土に、苗を少し傾けて、やや深めに植え付けます。プロの裏技です。

さし芽をしても苗が新たに作れるくらい、発根能力が高いのがトマト。ポット苗の時点では空気中

に出ていた茎の部分も、土の中に深く埋め込むと、そこからもどんどん根が出ます。根が多いと、養分や水分を吸収する力が大きくなるので、生育が旺盛になり、丈夫に育ちます。

ただし、この植え方はタネ（実生）から育てたトマト苗だけに有効な技。ほかの野菜を台木に使った接木苗や、ナスやキュウリでは使えません。

第五条　定植後、水は控えめに

苗を植え付けた後、じゃぶじゃぶ水をかけてはいけません。土の中の肥料をバンバン吸って体ばかり大きくなって、実のつきが悪くなってしまいます。

少し葉が巻くくらい、水を切らしたほうが、水を求めて強い根が深いところまで伸びます。厳しくきたえたほうが、甘みが強くなります。

生育前半に繁茂させてはいけません。元肥を控え、追肥で生育調整すると、実つきがよくなります。

第六条　共生植物混植！

共生植物（コンパニオンプランツ）を使い、虫よけする方法も、トマト苗三株に対し、マリーゴールドの苗一株を植えます

産毛ビッシリに育てる

「トマトの茎や花の近くに白い産毛のびっしり生えとろ。何のために生えとーとか、知っとるな」

「知らん」

売り場に来たおじさんたちが、こんな会話をしていました。

実はこの産毛がびっしり生えていることは、トマトにとってとても大切なんです。多くの植物の葉や茎、花に生えている細かい毛は、「トライコーム（毛状突起）」と呼ばれます。植物の表皮細胞が伸びたもので、▽強い光に対する防御、▽強風時に気孔から過度に水分を失われないようにする、▽小さな害虫が葉の本体に近づきにくくする、などの役割があります。

トマトのトライコームにも害虫を寄せ付けないテルペノイドやフラボノイドなどの成分が入っているそうです。つまり、トマトやナスの産毛の数が多いことは、元気の証。

トマトの場合、曇天長雨が続くと産毛は減り、逆に日照が多く、乾燥状態になると産毛は増えます。まずは、できるだけ明るいところで栽培し、余分な水分を与えないようにします。

次に、油かすなどの窒素肥料を与えすぎないこと。窒素過多になると、病害虫に対する免疫力が低下します。子育てと同じで、ぜいたくに育つと、自分の力（根っこ）ではなく、外部の力（肥料）に頼り、生きる力が養われないというわけです。

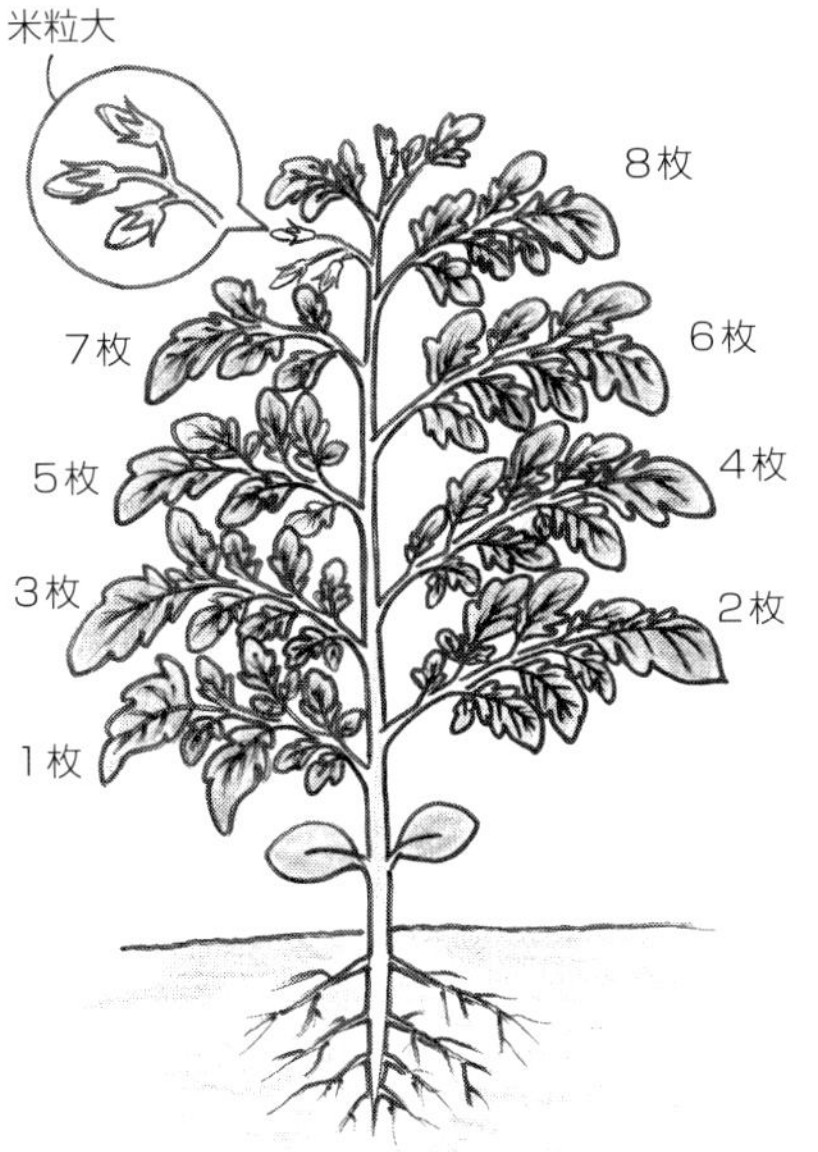

苗は幼い葉を除き、本葉が７～８枚で、つぼみつきの苗を選ぶ

固めた土に、苗を少し傾けて、やや深めに植え付けると根が増えて丈夫に育つ

産毛がびっしり生えたトマト

キュウリ

土を絶対に乾かさない

コツ
①かん水は事前に泡立てた酸素たっぷりの水を
②まっすぐキュウリには液体肥料がいい

●本葉三枚の若苗を選ぶ

キュウリは、生育が早いわりに根の再生力が弱いので、双葉を除き、ギザギザした大きい葉二枚と小さい葉一枚がついた若い苗を選びます。育苗ポットの中で葉が四〜五枚になっていたら、根が老化し、定植後の活着に難があるかもしれないからです。

双葉を除き、ギザギザした大きい葉2枚と小さい葉1枚がついた若い苗を選ぶ

土質は、ミネラル類が多い弱酸性が好きなので、畑にはカキ殻石灰「シーライム」とケイ酸カリをよく混ぜ込みます。

●土が乾燥しないよう酸素たっぷりの水を

栽培のコツは、なんといっても養水分管理。根は地表の浅いところに広がるため、絶対に土が乾燥しないようにします。七〜八月のキュウリが一日に必要とする水分量は、一株当たり三〜四リットルといわれており、ポリフィルム、または敷きわらなどを使い、地表面の乾燥防止による根の保護と、泥はねからの病気を予防します。

保水力のあるやわらかい土にするため、堆肥は多めに施します。私は馬ふん堆肥などを一坪当たり一〇キロと、一般野菜より多めの投入をお薦めしています。

●株元から五枚目まではすべて除去

定植後、背丈が一メートル近くになったら、株元から葉の五枚目までのわき芽と花はすべて除去。これは、根から吸い上げた養分が下段で止められ、大切な養水分がキュウリ全体に届きにくくなることを避けるためです。株元近くに成ったキュウリを初物なんて喜んでいるようではだめです。

すっきり育てるのが栽培のコツ。下段が茂りすぎると、通気が悪く病気にかかりやすくなります。また収穫遅れは根や茎、葉に負担がかかり、生育が衰えて長く収穫できなくなります。

●まっすぐキュウリの必須アイテム

よくたずねられるのが「なぜ生産者はまっすぐなキュウリを作るのか」という質問。

含水分が多いキュウリやナスは本来、自然に地上に向かい、まっすぐな形でぶら下がります。それは土の栄養をバランスよく吸収し、根に活力があって順調な生育をしている証。一方、肥大する際、何らかの問題があると、曲がったり先端が細くなったりします。

舌で感じるほどの味の違いはないかもしれません。でも、プロからすると、バランスよくまっすぐ伸びたキュウリのほうがおいしいと自信をもっていえます。

まっすぐなキュウリを作るのに有効なのが、液体肥料。ゴーヤーやヘチマなど、含水分が多い野菜に七〜一〇日間隔で与えると樹勢が衰えません。

背丈が1m近くになったら、株元から葉5枚目までのわき芽と花はすべて除去する

ナス

初期生育をスムーズに！　秋までおいしいナスを採り放題

コツ　①ひと手間かけてあせらず植える　②花を見ながら手を打つ　③疲れたナスには更新剪定

長期間収穫可能なナスは高温好み。タネまきから開化まで六〇～七〇日もかかるほどゆっくり成長するのが特徴なので、定植後の初期生育はストレスをかけないのがポイント。

●購入苗にひと手間かけて

比較的低温に強いキュウリやトマトと一緒に苗の販売が始まりますが、定植をあせってはいけません。同じ日に苗を買ったとしても、ひと手間入れて、直径九センチのポリポット苗を一五センチポットに移植し、大きな苗にしてから五月上旬に畑に定植するほうが、たくさんの収穫量が期待されます。

大きなポットに移植して育てた定植適期のナスの苗（右）

どこからでも発根するトマトなどとは違って、ナスの根はデリケート。だから、定植のときも根鉢をていねいに扱って、ウネ幅一五〇センチ×株間八五センチ程度に植えます。

●ナスは八月からが勝負！

最盛期を迎えたナス。でも、「たくさん収穫できた」と喜んでいたら、やがて株の勢いが弱まって実つきも品質も悪くなり、八月を前に早くも老衰してしまった、なんて相談も少なくありません。放任管理では、おいしいナスは収穫できません。目配り、気配りが必要です。

コツは観察。私たちが顔色やしぐさで互いの健康や精神状態を推し量るように、野菜も葉の色や花の付き方などをよーく見れば、何かあっても早めの対応が可能になるからです。

雄しべより雌しべが長い「長花柱花」が元気の証

雌しべが短い「短花柱花」が現われたら、成り疲れの危険信号

●落花するようなら花を見る

ことわざに「ナスの花には千に一つのあだがない」とあるように、雌花と雄花の区別がない雌雄同花で、ついた花がむだにならずに実になるのがナス本来の姿。でも実際には、日照や養水分が不足すると、三～四割以上も落花してしまうことも。特に、雌しべが雄しべより短い「短花柱花」が現われたら危険信号です。雄しべの先の小さな穴から出る花粉が雌しべにつきにくくなり、ほとんど実どまりせずに落花してしまいます。

でも、花のつく位置や形、葉の枚数などから異変に気づく目があれば、早めの対策で落花や不良果の発生を軽減できるのです。

●若採りと通気と液肥散布

対策の一つは、果実を若採りして、株の負担を軽くすること。同時に追肥で栄養を補給し、固くなった通路付近の根が伸びる場所にくわを入れて通気をよくします。土が乾いていたら、水で五〇〇倍に薄めた市販の液体肥料を定期的に散布します。

【花や葉のつきぐあいをよく見よう】

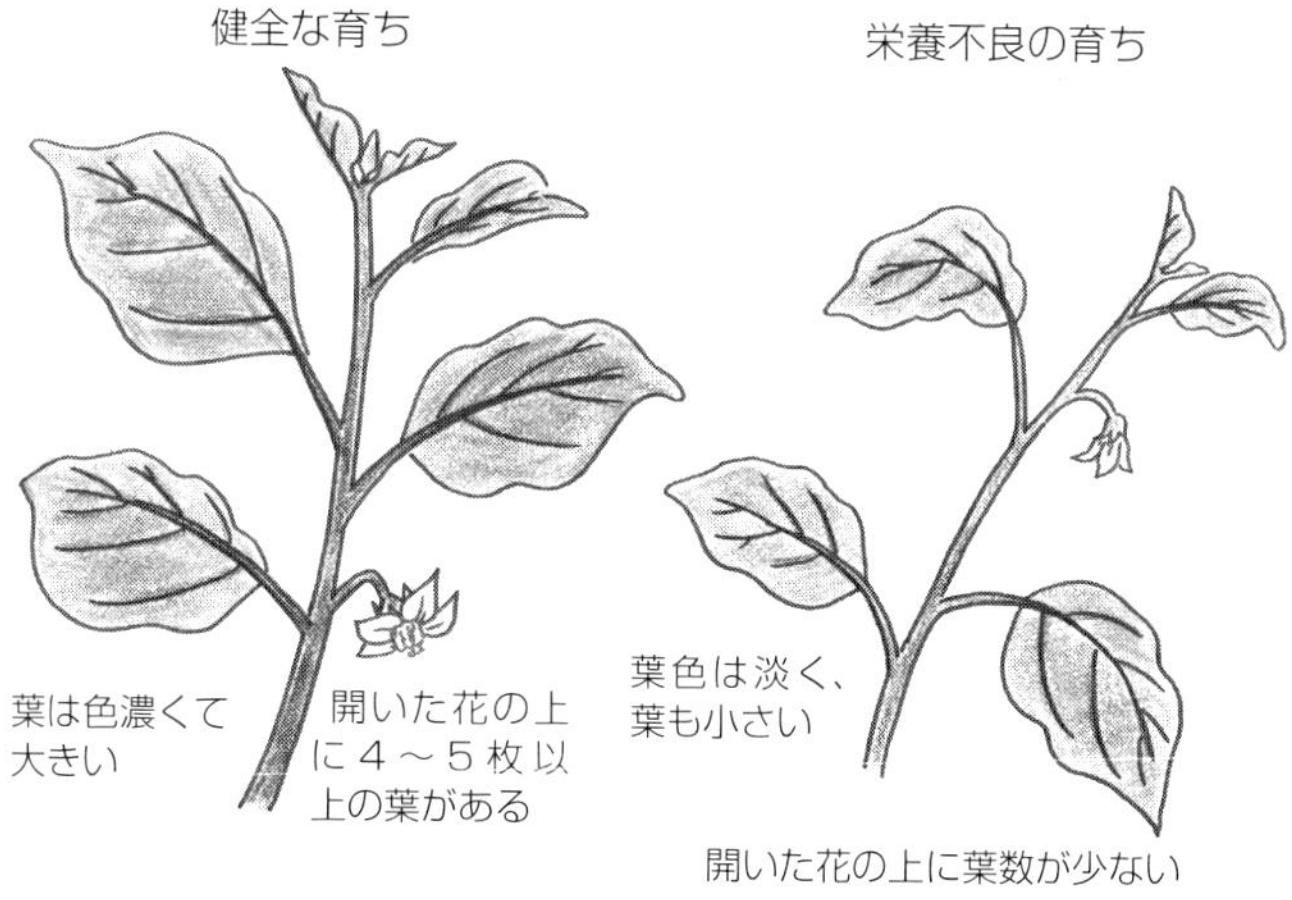
健全な育ち
栄養不良の育ち
葉は色濃くて
大きい
開いた花の上
に4〜5枚以
上の葉がある
葉色は淡く、
葉も小さい
開いた花の上に葉数が少ない

数日を経ずして回復の兆しが現われ、今度は雌しべが雄しべより長い「長花柱花」が多く咲き始めます。茎葉もしっかりして、開花位置より上に、数枚以上の開いた葉が見られるようになってきます。こうなればよく実どまりし、果実の太りも早まって、色つやのよい果実がたくさん採れるようになります。

●ナスは多肥好み
—月二回の追肥

ナスは相当な多肥好みなので、果実が盛んに採れ始めたら、半月に一回ぐらい追肥します。目安は一株当たり有機化成肥料四〇グラムを、一回目は株の周りに、二回目以降はウネに沿って根から遠い溝状に施します。

一気に実がつく「成り疲れ」は、ナスの一生のうちに三〜五回も現われます。ここでも花の色やつきぐあい、落ちぐあいをよく観察。花が小さくて色が淡く、雌しべの短いものが増えてきたらナスが疲れた証拠なので、小さいうちに果実を収穫して負担を軽くしてやり、肥料を施す間隔を短くして樹勢の回復に努めます。

また、茎葉が混みすぎると果色が悪くなり、落葉したり病害虫が発生しやすくなったり。こんなときは果実に木漏れ日が当たるぐらいに枝をすかせたり、葉をもぎ取ったりします。

●疲れたナスは更新剪定

八月八日の立秋に入り、ナスの疲れがひどくなったら、全体の半分を切り詰める更新剪定(夏剪定)をやってみましょう。

下の写真は八月に入って、樹が弱り、生育が落ち込みかけている株。成りが悪くなったり、ナスの果実も曲がってしまったり。こうなったら更新剪定するしかありません。

健康に育ち、実を収穫している株を除き、思い切って、各枝に一〜二枚程度の葉を残して短く切り戻します。そうすると、一カ月もすると再び一番花が咲いて結実し、以降、果実は小さくなりますが、十一月上旬まで収穫することができます。

●更新剪定成功三つのポイント

更新剪定を成功させるポイントは三つあります。

生育が落ち込みかけているこんな株は更新剪定

各枝に1〜2枚の葉を残して切り戻す

1カ月もすると再び一番花が咲いて結実

一つ目は剪定の方法。地際から五〇～六〇センチの高さで、各枝に必ず葉を一～二枚残し、生育のよい芽の上で切るようにすることです。

二つ目は株の根切りです。株の中心から三〇センチほどの位置を、ぐるりと丸く、剣先スコップや移植ゴテを使って土を刺し、古い根っこを少し切り込みます。こうすることで新しい元気な根が出てきて、生育が盛んになります。

三つ目が追肥。葉や根を切られることは、ナスにとって、とても大きなストレスです。そこでお薦めするのが追肥です。液肥や追肥用の専用肥料を施すとよいでしょう。

宣伝になって恐縮ですが、ＪＡ糸島オリジナルの「有機液肥エコアース」（Ｎ10―Ｐ４―Ｋ５）なら、五〇〇倍液を一週間に一度、かん水代わりにたっぷり、また粒状型追肥専用肥料「アグリトップドレッシング」（Ｎ12―Ｐ２―Ｋ10―Mg２）なら半月に一度、花部周りに一坪当たり八〇グラムを目安に与えます。

●裏技サプリの手作り活力剤

さらに作物を元気にするには、手作りサプリメント。

一〇リットルのじょうろに、水一〇リットルと食酢一〇〇ミリリットル、カキ殻石灰二〇グラム／一〇アールを入れて二～三時間置き、その液を月に一回程度、野菜の株元にかけるだけ。ミネラルやカルシウムによって根が元気になり、茎葉の生育が非常によくなります。

●株元に葉物野菜も作りましょう

さらに、更新剪定の後、株元にコマツナやミズナなどのタネをまいておきます。そうすると、秋ナスが収穫できるころ、やわらかい葉物野菜が同時に収穫できます。

日も短くなり、日中と夜間の温度差も大きい時期に採れる秋ナスは、うまみもたっぷり。脂ののったサンマと一緒に食べるのは最高です。

【更新剪定の方法】

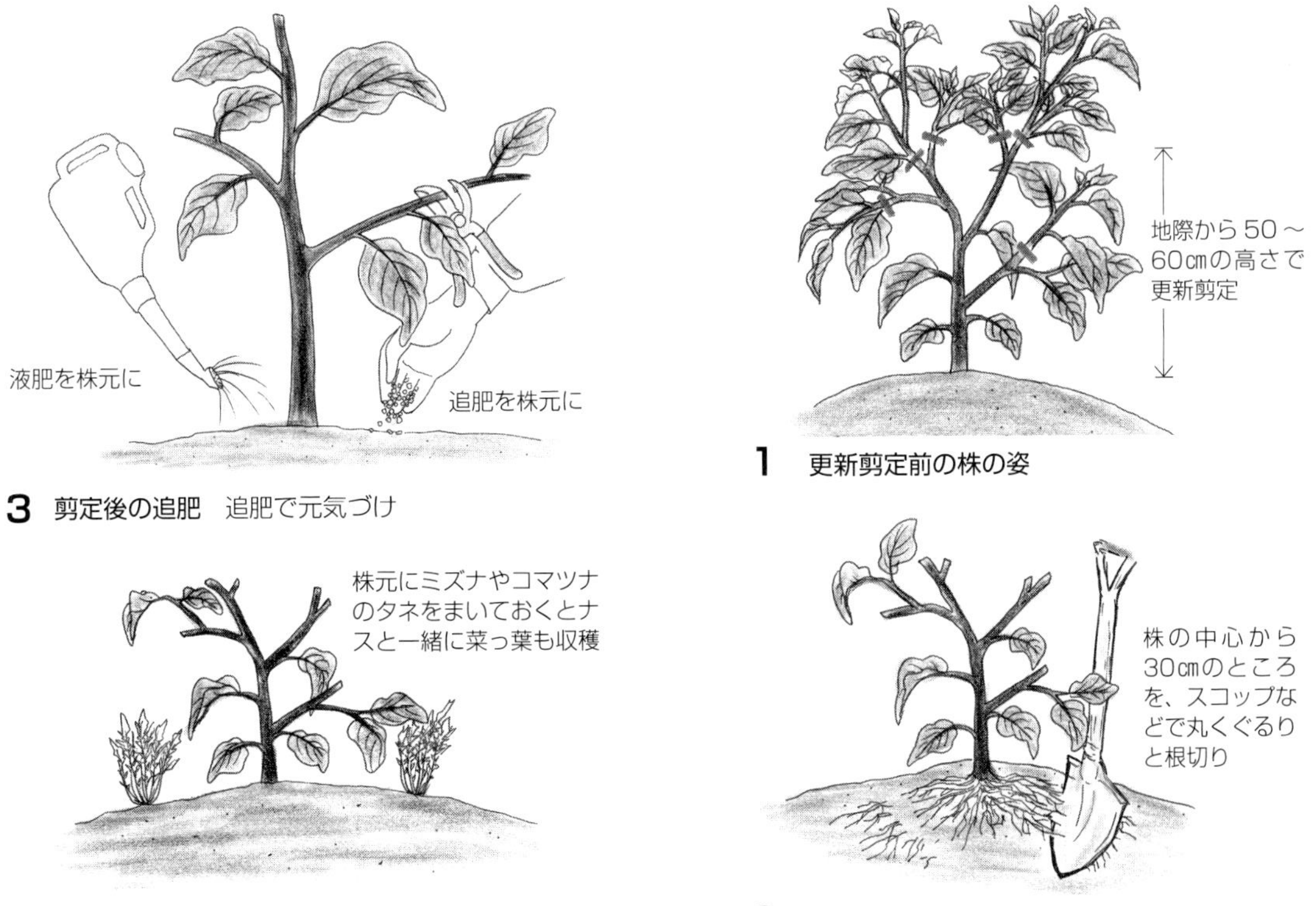
地際から50～60㎝の高さで更新剪定
株の中心から30㎝のところを、スコップなどで丸くぐるりと根切り
液肥を株元に
追肥を株元に
株元にミズナやコマツナのタネをまいておくとナスと一緒に菜っ葉も収穫

1 更新剪定前の株の姿

2 株の根切り

3 剪定後の追肥　追肥で元気づけ

4 剪定後

スイートコーン

マルチ栽培がお薦め

コツ
①生育初期から収穫まで養水分を切らさない
②害虫対策

家庭菜園で育ててほしい作物で、一般野菜との関連病害がほとんどない、イネ科のスイートコーン。「クリーニングクロップ」と呼ばれるくらい、土壌中に残っている肥料分を吸収する能力が高いため、連作障害などが起きている畑に作付けすると、ダイコンやハクサイなどを栽培する秋冬野菜菜園の地力が増します。

●日当たりのいい畑にマルチ栽培

光を多く必要とするので、作付けは日当たりのよい畑に。また、降雨後に水がたまらない一方で、乾きすぎない土が理想です。

深根性で、根張りをよくすることが倒伏防止につながります。耕土が深く、有機物を多く含んだふかふかやわらかい膨軟な土作りに心がけます。

水分と地温も重要。ひげ根が多いスイートコーンは裸地で栽培するより、保水、保肥性が高まるようマルチしたほうがよく育ちます。

張って一週間すれば、裸地と比べて地温は夜間でも約三度上昇するマルチ。梅雨の水分がある時期に施肥をし、タネをまく数日前に張っておけば、太陽熱による消毒効果で雑草、病原菌が防除でき、生育の安定につながります。

●一坪一四株、一穴三粒まき

肥料　生育初期に、肥料濃度が高いと障害を起こしやすいため、施肥は元肥として一坪当たり有機配合肥料四〇〇グラムと完熟堆肥三・五キロ、カキ殻石灰四〇〇グラム。これにケイ酸カリ八〇グラム、微量要素が入ったＦＴＥ顆粒《かりゅう》一四グラムを目安に土とよく混ぜこみます。

栽植密度　最適な栽植密度は一坪当たり一四株。密植すると単位面積当たりの雌穂数（実の数）が増えた分、一個の実が小さくなり、実の先端部にタネがついていない不稔《ふねん》が増えます。

マルチ栽培する場合、ウネ幅は一六〇センチ、条間五〇センチ、株間二五～三〇センチ。受粉しやすいよう必ず二条植えします。一穴に三粒ずつ、深さ二～三センチでタネをまいたら、均一に覆土します。

タネまきと追肥の方法

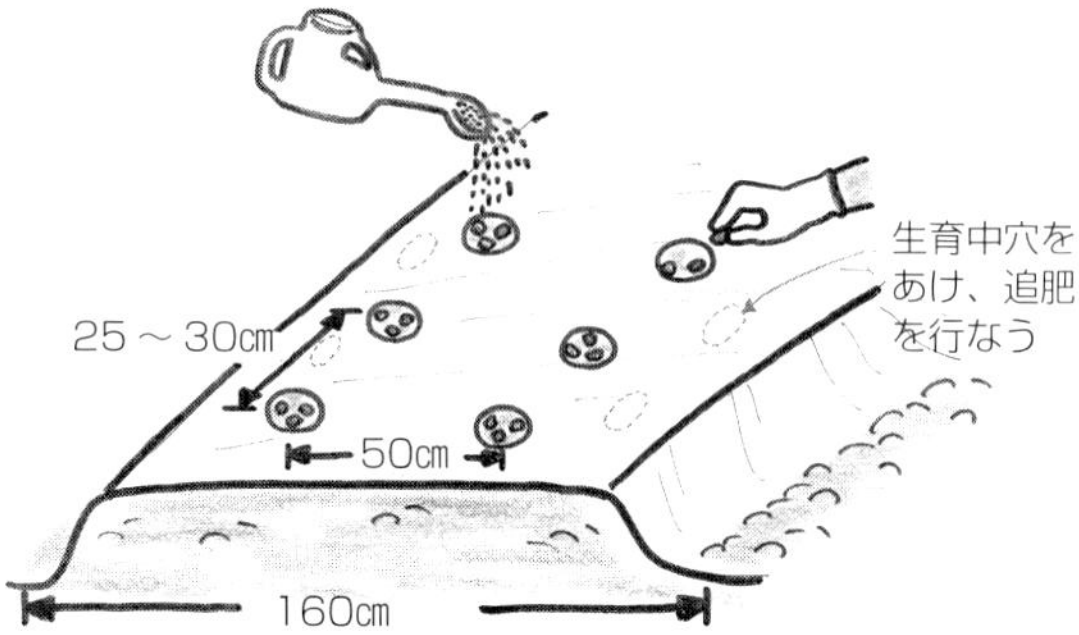

小さいものや弱々しいものはハサミで間引く

間引き　葉数が三～四枚になったころが間引きの適期。小さい苗や、大きくても弱々しい苗を株元からハサミで切り取り、がっちりした苗一本だけ残します。

追肥　追肥は、本葉六～八枚になった頃と、雄穂が見えてきたときの二回。マルチを張ったウネの肩部に穴をあけ、追肥専用肥料を、軽く一握り施します。

●株元のわき芽は放任ＯＫ

さて、従来は株元から分けつして出るわき芽は取り除いていました。でも近年、取り除かなくても生育や収量に大きな影響がないことがわかり、省力化も兼ねて放任するのが一般的。ただし、わき芽が伸びすぎて日当たりや風通しを妨げるようであれば、従来のように取り除きましょう。

●憎っくきアワノメイガ

やっかいなのが、害虫たち。スイートコーンの雄花が咲く頃、茎が途中で折れてしまうのは、ガの仲間のアワノメイガが犯人であることが多いようです。

食害するのは体長一～二センチの幼虫で、六月中旬～八月中旬に多発。実の皮をはいでみて、内部が食い荒らされていたら、まず間違いありません。ほかにもヨトウムシやオオタバコガなど、さまざまな害虫がいますが、アワノメイガに絞って対策を述べます。

●卵は葉裏に産み付けられる

成虫はスイートコーンの茎が伸び始めた頃、葉の裏に卵を産み付けます。ふ化した幼虫は葉の裏のやわらかいところを食べながら成長。やがて葉の付け根から茎の中に入り込み、雄穂の付け根に食い進みます。

その後、実になる雌花が大きくなり始めると、その中にも入り込んで食害するため、実が虫食い状態になってしまうわけです。

アワノメイガの成虫（上）と実に食い入った幼虫（下）

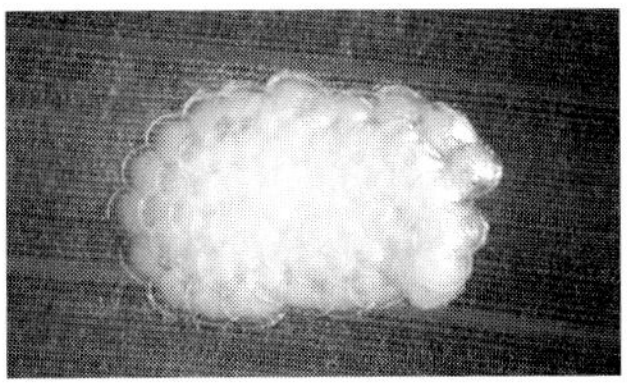
葉に産み付けられたアワノメイガの卵塊

●葉の付け根や雄穂に黄褐色のふんはないか？

雄花が付き始めたころ、葉の付け根や雄穂や茎から黄褐色のふんが排出されていたら、アワノメイガが発生した証拠。でも一度茎や穂の中に幼虫が入り込んでからでは、防除は不可能なので、それ以前に駆除しなければなりません。

●お薦め薬剤は天然成分由来

お薦めの薬剤は、天然成分由来で、有機農産物生産にも使用できる「トアロー水和剤ＣＴ」または「エスマルクＤＦ」。六月中旬ごろ一週間おきに二～三回、農場に雄穂が一穂出る前に散布します。

●雄花が出たら切り取る荒業も

荒業ですが、アワノメイガの幼虫は最初に雄花に侵入してから雌花に移るため、雄花が出たら次々に切り取り、焼却処分してしまえば、果実の被害を少なくすることができます。

ただし雄花がないと受粉できないため、切り取った雄穂を、実の頭から出ているヒゲのような雌花にくっつけるようにして人工授粉しなければなりません。手間はかかりますが、比較的本数の少ない家庭菜園ならではの方法ですね。

スイートコーンの雄花

スイートコーンの雌花

オクラ

夏バテを防ぐ、やわらかくて粘りの果実を

コツ
①苗はていねいに二条千鳥植え密植
②日当たりと風通しを確保

連作は厳禁です。多湿も嫌うので、オクラ栽培のプロは、排水溝を設けてでも排水のよい畑で栽培します。

●二条千鳥の密植がいい

栽培はタネでも苗でもＯＫですが、苗は直根性で移植を嫌うので、根を切らないようていねいに扱います。吸肥力は強く、元肥を入れすぎると勢いがつきすぎて、実に米粒ほどの突起ができる「いぼ果」や「曲がり果」、硬い実ができる原因になります。ゆっくり効く有機質肥料を中心とし、追肥で草勢をコントロールします。

順調なら主枝は高さ二メートルを超えます。株間を広くしたほうがよさそうですが、それは逆。条間四〇センチ、株間二〇センチで、互い違いに植える二条千鳥の密植のほうが、多収が見込めます。

雑草よけに畑を覆うマルチは、光を反射するシルバーマルチとし、地面の温度上昇を抑え、反射光が葉の裏側に潜むアブラムシやアザミウマなどの害虫を抑えます。

●タネから育てるならば

オクラの種子は、表面が硬く吸水性が悪い「硬実種子」なので、「浸漬《しんし》処理」をすると発芽しやすくなります。ただ発芽後、雨が見込めそうにないときは、浸漬処理は逆効果。その際は、ペットボトルに種子を入れて振り、種子の表面を傷つける裏技を使って自然な発芽を待ちます。

一穴に五粒まき、本葉が二～三枚になった時点で元気な株を二本残し、株元からハサミでカット。一本植えのほうが成長は早いのですが、実も早く硬くなるので二本植えします。

●わき芽と下段の葉は除く

葉が大きくなって日当たりと風通しが悪くなると、実の品質低下や病害虫発生を招きます。株元のわき芽は早めに取り除き、収穫が始まれば下段の葉は摘葉。以後収穫のたび、実の下の葉を二枚だけ残し、あとは摘み取ります。

追肥は一～二番果を収穫したころから開始。月に二～三回、野菜追肥専用肥料を与えるとよいでしょう。順調な生育なら、主枝の先端から五枚目下の葉のところに花が咲いています。もし先端で開花していたら、栄養不足のサイン。即、肥料を与えてください。

葉がしおれにくいので、水不足に気づかないことがあります。でも、乾燥と肥料不足は、成長と実の伸びの鈍化など、品質の極端な低下を招くのでご用心です。

なおオクラには小さなとげがあるので、収穫は長袖着用で。半袖は、あとで肌がかゆくなって大変。

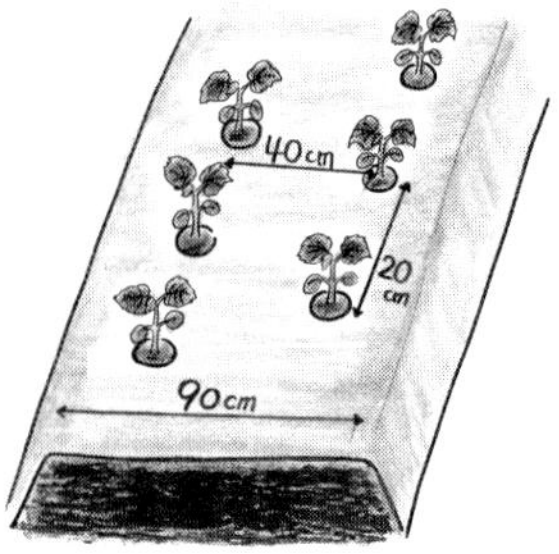

シルバーマルチで互い違い（千鳥）に栽培するのがコツ

本葉２～３枚のとき、元気のよい２本を残し、あとはハサミでカット

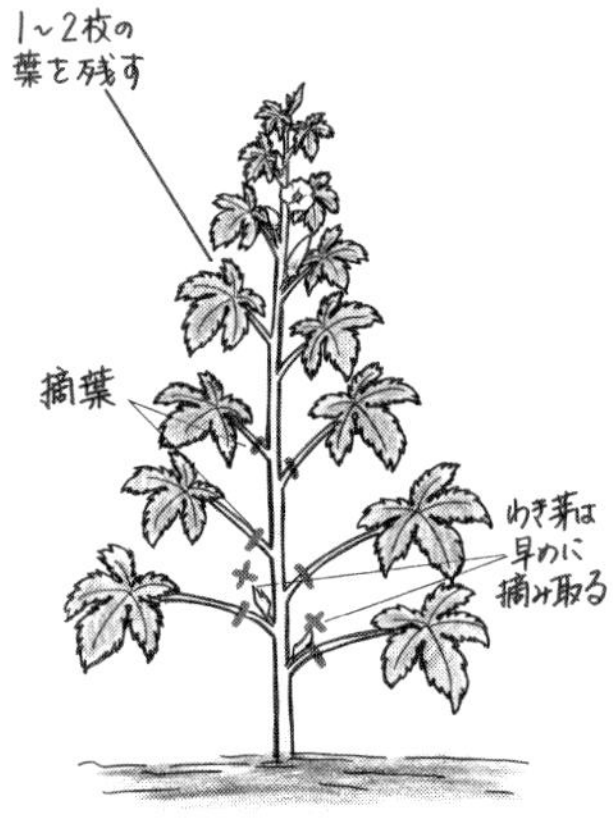

株元の葉の付け根から発生するわき芽は早めに取り除き、収穫が始まれば下段の葉は摘葉する

エダマメ

二日酔いに効果的！　品種を選んで楽しもう

コツ
①一穴二粒まきして二本立ち栽培
②開花期以降は水を切らすな

びっしりサヤがついたエダマメ

エダマメにはタンパク質にビタミンB_1、B_2、C、葉酸などが豊富に含まれていますが、特に注目したいのが「メチオニン」と呼ばれる成分。アルコールの分解を促してくれるので、飲み過ぎや二日酔いにとっても効果的だそうです。

昨年、海外のあるインターネット検索サイトで、和食をキーワードにした人気投票を行なったそうですが、その結果によると、一位が寿司。三位から、ラーメン、刺し身、天ぷらと続いたそうですが、二位はなんとエダマメでした。

●品種によって味が異なるエダマメ

エダマメは品種によって、その味は全然違います。

【普通種】　乾燥したときの実は肌色。極早生《わせ》から晩生《おくて》まで種類が多いのが特徴です。

【茶豆】　独特の香ばしい香りと風味があり、ゆでると緑色になります。山形のだだ茶豆が有名。

【黒豆】　甘みが強く、スイートコーンに近い風味。茶豆と同様、ゆでると緑色に。丹波の黒豆が有名です。とてもおいしいので、エダマメとして栽培するなら、私はこれをお薦めします。

●開花期以降は水を切らすな

エダマメは受粉がうまくいかないとサヤがつきませんが、栽培時に多いのが、「花は咲いたばってん、サヤの中がすかすかたい」という相談です。

きちんと受粉すると、養分が実のほうに送られ、どんどん豆が太ってきます。これを「養分の転流」というのですが、養分転流をスムーズに進めるには、当然のことながら水分が必須。ゆえに、開花期から収穫までは、決して土を乾燥させない工夫が必要です。

●一穴二粒・二本立ち栽培

エダマメは苗から育てるやり方もありますが、私は一穴当たり二粒のタネをまき、二本立ちで栽培します。

二本立ちだと水分を取り合ってよくないようですが、競争相手のいない一本立ちより、逆に競い合って根を深く伸ばすため、土の中の水分を確保できて、実のつまったエダマメの収穫が期待できます。

オクラを栽培するときも同じやり方をします。

とはいえ自然相手ですから、盛夏期は深い根だけでは水分を補えない場合もあります。夕立も見込めず、土の乾燥が激しい場合は、こまめな水やりが必要になります。

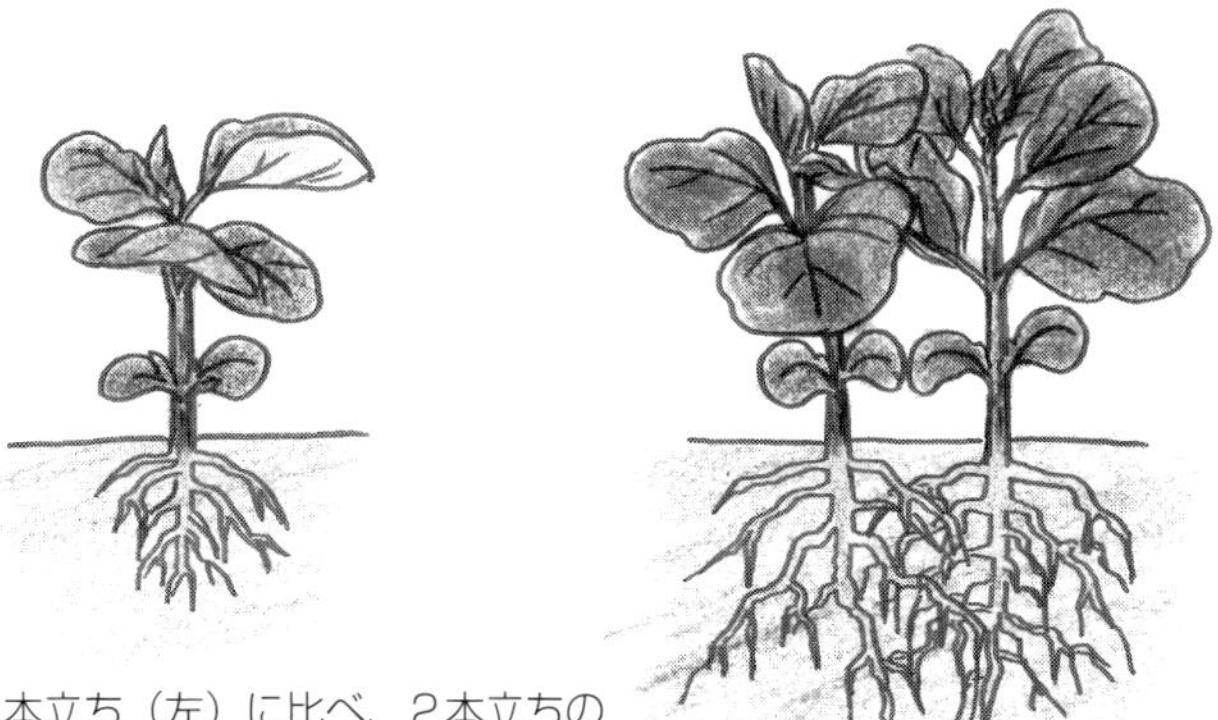

1本立ち（左）に比べ、2本立ちのほうが根が競い合って深く伸びるため、水分をより多く吸収できる

サツマイモ

甘いイモなら、肥料控えて水はけ良好に

コツ
①長さ三〇センチ、八節以上の苗
②つる返しして、棒で穴あけ土に空気を

サツマイモはとても育てやすい作物ですが、「うちのイモはいっちょん、うもーなか（おいしくない）」「なんで、つるばっかり伸びるとかいな」なんて相談も少なくありません。

●まずは苗選びと植え方

長さ三〇センチで、八節以上ある苗を植えると、植え込んだ後の初期生育がよく、二〇〇～五〇〇グラムのイモが、たくさん収穫できます。植え込む株間は三三センチで、苗の切り口から六節埋め込むのが理想です。

サツマイモの根には、養分を吸収する吸収根と、イモになる不定根（貯蔵根）があります。

農家は「サツマイモのつるを深くさすと、タコ足になる」といいます。イモづるの切り口を深く埋めてしまうと、吸収根ばかりが発達し、貯蔵根に十分な養分が行かずにひげ根になり、イモのつきが悪くなるという意味です。

なので、茎を水平に植える「水平植え」か、中心を少しくぼませて植える「舟底植え」で貯蔵根の発達を促します。

イモ苗は長さ30㎝で最低8節あること

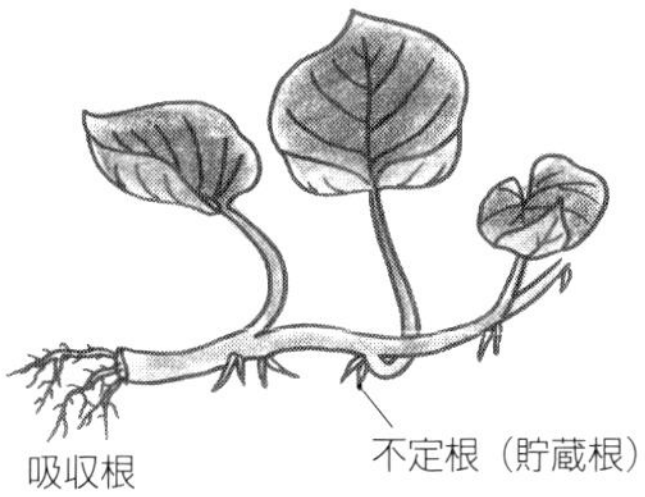

イモになるのは不定根（貯蔵根）だけ

茎を水平に植える「水平植え」

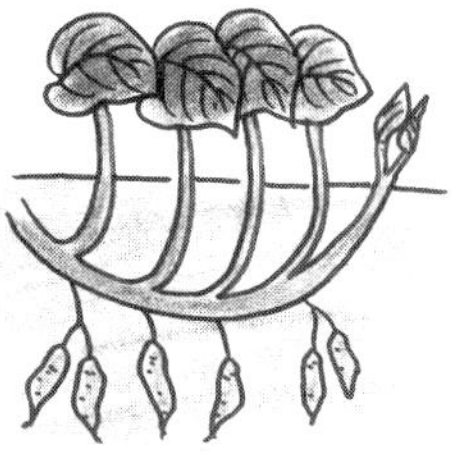
中心を少しくぼませて植える「舟底植え」

●水はけ一番 粘土質なら高ウネで

火山灰台地や砂地で栽培すると収量も多く、おいしくなるのは、水はけがよく、地下水位が低いから。九州南部のシラス台地は、地中に栄養分がきわめて少ない不毛の地と呼ばれましたが、サツマイモは除草した草の灰を少しかけてミネラルを補給してやれば、特に肥料をやる必要がありません。

粘土質の土壌の場合、高ウネにするなどして排水をよくします。

●窒素少なく、カリとミネラル

土の中に窒素分が多いと、茎や葉だけが大きくなる「つるぼけ」を起こします。つるぼけすると、根まで養分がいきわたらなくなり、イモが小さくなったり、甘みがなくなったりするので、窒素成分の少ないイモ専用肥料一五〇グラムを元肥で与えます。

前作でタマネギやキャベツなどの野菜を育てた畑には肥料分が残っている可能性があります。ただ、カリ成分とミネラルは必要、一坪当たりケイ酸カリ八〇グラム、ＦＴＥ顆粒《かりゅう》一四グラム、またはカキ殻石灰「シーライム」一五〇グラムを土とよく混ぜてから、苗を植え付けます。

●「つる返し」と「土に空気」の裏技

成長したつるの節から、新たな根が地面に根を下ろすと、栄養吸

収が高まりすぎて、つるぼけしてイモつきが悪くなります。そこで、つるから下に降りた根を土から外す「つる返し」を行ないます。

このときにぜひやりたいのが、土の中に空気を入れる裏技です。つる返しのときに、直径一五ミリ程度の棒を、ウネの上から五〇センチ間隔で突き刺します、深さ一五センチ程度、これで、土に十分な空気を入れるのです。

つるから下に降りた根を土から外す「つる返し」を行なうのと併せて、ウネに穴をあけて空気を入れるのが裏技

●追熟と貯蔵の技

掘ってすぐに食べるより、収穫後、二週間ほど置いて追熟させたほうが、デンプンが糖に変わり、甘さが増します。

なぜ貯蔵すると甘みが出るのか。それは糖化酵素（β-アミラーゼ）の働きで、蓄えられたデンプンが糖化されるから。ただし、デンプンが減る分、ほくほく感はなくなり、ねっとりした食感に変わります。

保存の目安は温度一三〜一五度、湿度九五％。昔は床下に大きな穴を掘り、貯蔵していました。床下の地中温度が一年を通して一四度前後であることを利用した先人の知恵。

今なら、排水のよい地面に直径、深さともに四五〜五〇センチの穴を掘り、同じ大きさの黒の不織布をセット。その中にもみ殻とサツマイモを入れて、土を盛り、その上にポリフィルムでトンネルを作って保存します。

土に埋めて貯蔵する方法。もみ殻を大きめの黒い不織布に入れて、盛った土をポリフィルムで覆う

●少量ならばもみ殻と段ボールで

少量ならば、「すてなんな君ゼロ」のセットを使った室内保存がお薦めです。

段ボールに黒の不織布を広げ、もみ殻を入れます。次に上部を切り落とした二リットルの空ペットボトルに、発酵材「天神様の地恵」二〇〇グラムと廃油を五〇ミリリットル、水二〇〇ミリリットルを入れ、箱の中心部に設置。もみ殻の中に、サツマイモを貯蔵します。

段ボールコンポスト「すてなんな君ゼロ」を利用して貯蔵

箱にはふたをして、窓際などなるべく暖かい場所に置き（二階ならなおよし）、JA糸島オリジナルの保護特殊シートで段ボールを覆えば完了。

箱の中の有機物がゆっくりと発酵して箱全体が暖まり、サツマイモが傷まない温度で守られるため、二月ごろまで保存できるわけです。ペットボトルの有機物は酸素を補給しないと発酵しないので、半月に一回程度、定期的に混ぜてくださいね。

買うほうがラク？　でも、理科の実験と思って、子どもさんとチャレンジして、甘くなったイモに感動したら…。科学に目覚めて将来ノーベル賞をとるかも、ですよ。

発酵熱でサツマイモが傷まない温度を保つ

春ジャガイモ

肥料控えめだけど、カリだけ足しておいしいイモを

コツ
①浴光育芽でがっちりした強い芽
②タネイモは四〇グラム
③一株二本仕立てで

●試して！ 浴光育芽

まず、植える時期。私が住む福岡県糸島なら、農業暦の「雨水」から、ソメイヨシノが開花する一カ月前あたり（二月十九～二十五日）がベスト。

病気に強く、たくさんのジャガイモを収穫するには日光浴が大事です。「浴光育芽」といい、日に当てることによって、もやし状ではなく、がっちりした病気に強い芽を育てるのです。

やり方は、南側の室内の窓辺や車庫の明るい所など、屋外ではない明るい場所に、タネイモを切らずに広げるだけ。二週間もすると赤紫色の芽が出てきます。

タネイモは室内の窓際で日光浴をさせる

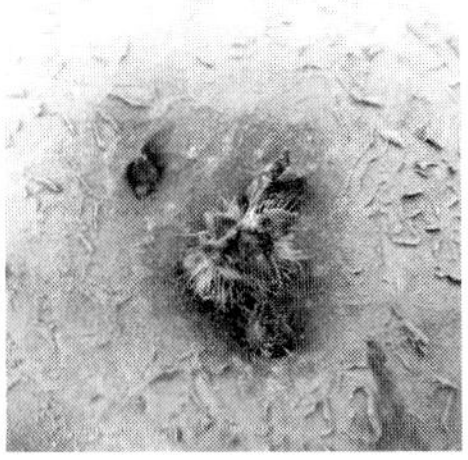

紫色の強い芽

●タネイモの切り方は要注意

一般的なタネイモの大きさは、一個当たり八〇～一〇〇グラム。植え込む大きさは四〇グラム前後がベストですから、半分に切ることが多くなります。

問題は切り方。ジャガイモには親イモとつながっている箇所と反対側に芽が出やすい性質（頂芽優勢）があるので、下図のように頂点から左右均等に切ると欠株が少なく、大きさもそろいます。

切り口はよく乾燥させ、人間でいうかさぶたができてからのほうが腐れにくいし、発芽も促進されます。切り口にはシリカ（ケイ酸塩白土）を塗り、切り口を下向きに植えるのがお薦め。上向きだと雨が多いときなど、腐れやすくなります。

【ジャガイモの切り方】

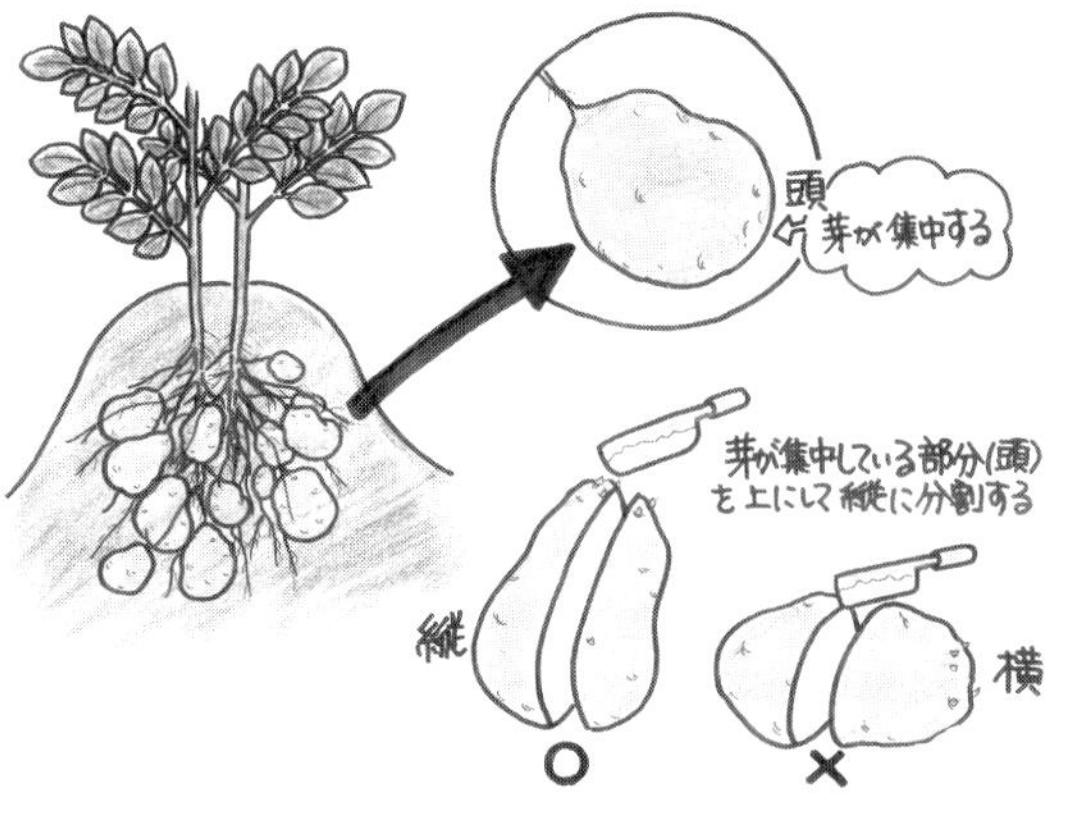

●肥料控えめカリだけちょい足し

原産地はやせて荒れたアンデス山脈の土地。肥料を与え過ぎると、葉や茎ばかりが茂り、味が落ちます。ただし、カリ成分は比較的好みますので、「ケイ酸カリ」を一坪当たり八〇グラム、ほかの肥料を控えながら与えてみてください。ごろっと味が変わります。

水はけのよさも重要なので、排水が悪い土地ならウネは高く。

植える間隔も重要で、理想の株間は二五～三〇センチ。狭いと小粒、広いと大粒になりやすいです。

●一株二本の芽に仕立てる

一株から数本の芽が出たら、背丈が一二センチほどになった頃、生育のよい二本を残し、残りは手でそっと引き抜いて軽く土寄せします。

私の店では、いろんな新ジャガを体感してもらおうと、毎年一五種類のタネイモを販売。子どもと一緒に植えて、カレーを作る、なんてのもいいですね。

●ドクター・コトーお薦め●

干して栄養とうまみを凝縮

天日に当てると、ビタミンDが生成されることで知られるシイタケのように、干すことで、栄養価とうまみがぐっと増す食材があります。上手に作物を作ることも重要ですが、収穫物をおいしく食べるのも大事。

私のお薦め干し野菜と、それを使った天然出し汁を紹介しましょう。

●干しショウガのスゴイ実力

まずはショウガ。電子レンジに入れて温野菜のボタンを押し、まるごと温めます。つまようじがすっと刺さるくらいになったら準備完了。薄くスライスして干し網に入れ、晴天時なら三日を目安に天日干しします。

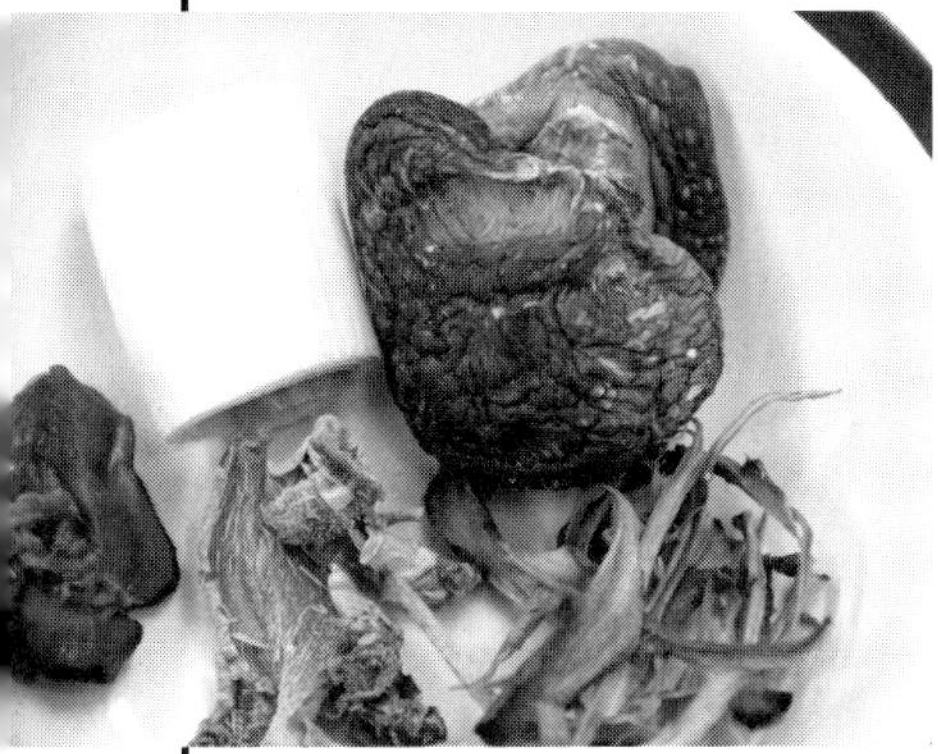
干した野菜やカキ

干し網に入れて干す

生ショウガには、体の深部の熱を手足の先に広げる働きをもつジンゲロールという成分が含まれています。ただし、手足が温かくなった分、深部は熱が奪われるので体温はやや下がります。でも乾燥させるとジンゲロールの一部が、血流を高めて深部の熱を作り出すショウガオールに変化します。

つまり、体の中から手足の先まで温めたいなら、生ショウガより乾燥ショウガのほうが断然効果が高いのです。

●ゴボウと深ネギを干す

ゴボウや深ネギは水洗いしたら、ゴボウはささがき、深ネギは二センチほどでぶつ切り。水気を切ってショウガ同様、天日干しします。

●海のカキを干す

海のカキもまた、干すと凝縮した味わいと香りが楽しめます。

殻つきを買って電子レンジで殻ごとチン。口をあけたらスプーンで身と貝柱、汁を取り出して鍋へ。こげないように注意しながら弱火で煮つめます。少々黒くなりますが、心配無用。水分が飛んだら、野菜と同じやり方で干し上げます。

そのまま食べてもいいのですが、私が作るのは、海と山のパワーがつまった天然の出し汁。

●山海パワーの出し汁

作り方は簡単。水二〇〇ミリリットルに、干しガキ一粒、干しショウガ、ゴボウ、ネギ、干しシイタケを入れ、弱火で煮るだけ。少ししょうゆを足して、吸い物でいただくと、ショウガ効果で体がじわっと温もります。うどん、そばを入れてもいいし、湯豆腐、しゃぶしゃぶなど、何でもOKです。

ショウガとカキのパワーで体が温まるスープ

秋〜冬に育てる野菜

暑い夏も、「立秋」（八月八日頃）を過ぎると日照時間がどんどん短くなり、九月に入ると二十四節気の「白露」（九月八日頃）がやってきます。「白露」とは、秋が本格的に到来し、草花に朝露がつくようになる時期。いよいよ秋冬野菜の植え付けの始まりです。

秋の一日、春の七日

「秋の一日、春の七日」は、秋の作業の一日遅れは、春の七日遅れに匹敵するという農家のことわざ。

例えばハクサイやキャベツなどの結球野菜。タネまきが遅れると、結球しにくくなります。一方、タネまきが早すぎると、まだ気温が高いため害虫の食害を受けやすくなってしまいます。適期に作業しないと十分な収穫が得ることができなくなるのが、秋冬野菜作りの難しさなのです。

プロは、収穫時期から逆算して作付け計画を組み立てます。

例えばタマネギは、十一月八日「立冬」頃が早生《わせ》系タマネギ苗の植え込み適期。苗はタネまき後、約五五日で仕上がりますから、九月上旬にタネまきすれば、立冬頃に定植できるわけです。

中生、中晩生系は「秋分の日」（九月二十三日頃）以降にタネまきし、「小雪《しょうせつ》」（十一月二十三日頃）以降に植え込むと、保存性のよいタマネギになります。

「白露」の時期の福岡県糸島市を例に、代表的な秋冬野菜のタネまきの適期を中心に、栽培スケジュールと要点を表にまと

秋冬野菜の栽培メモ　　9月8日現在・糸島基準

野菜名	タネまき	栽培のポイント
ニンジン	ピーク過ぎ	穴あきニンジンマルチを使うと、地温も上がり雑草防除に。地温が上がり、色もよくなる
ダイコン	最適	少しずつまく日をずらすと畑に長くおける 吸肥力が強いため、元肥を控え、適期追肥を与える
カ　ブ	最適	葉を食害するダイコンサルハムシに要注意
ゴボウ	最適	センチュウ、土壌病害に特に弱いため、連作は避ける
ハクサイ	1日も早く	タネまき時期が遅くなると、結球しにくくなる
キャベツ	10月に	10月より、春採り品種をまく。9月は苗定植適期　＊9月はまかない
ブロッコリー	10月に	10月より、春採り品種をまく。品種は限定される　＊9月はまかない
レタス	最適	気温20℃前後が発芽がそろいやすい 25℃を超えると発芽しにくい
ホウレンソウ	最適	タネまき後の乾燥は厳禁。発芽までは適度な水やりが重要
ネ　ギ	最適	気温が高いときに散水すると、苗が立ち消えしやすい 液肥などで追肥し、根を作る
タマネギ	早生種は最適	中生、中晩生品種は９月下旬にタネまき
シュンギク	最適	土壌改良のため、必ず石灰を多めに施す
ミズナ	最適	名のごとく、生育中は水を切らさない
ナバナ	最適	株間25㎝で1穴に4〜5粒まき、間引き後、１株にする
チンゲンサイ	最適	タネまき後、約55日前後で収穫。15×15㎝間隔でタネまき
エンドウ	10月に	10月8日前後からタネまき
ソラマメ	10月に	10月8日前後からタネまき。ポットでの育苗がお薦め

めてみました。参考にしてください。

千駄の肥より一時の季

タイミングといえば、肥料を施す時期も大事です。「千駄の肥より一時の季」は、肥料を施す際、その適期を知ることが大事であるということわざ。

気温の低下とともに、野菜の肥料吸収力は低下します。一般的に秋冬野菜は、与えるタイミングは早めがいいといわれます。

ただタネをまき、苗を植えるだけではなく、追肥の時期や種類の選択など、栽培にひと工夫必要です。

雨がちの秋、育苗することで時間を稼いで適期定植

秋の長雨　苗を作って適期定植

秋の長雨は、待ったなしの秋冬野菜の作業にとっては目の上のたんこぶ。でも、お天気ばかりは人間の自由にはなりません。台風が来たりお天気がぐずついてしまうと、畑を耕したり、肥料をやることができないことだってあります。

ニンジンやダイコンのような根もの野菜は無理ですが、ハクサイのような野菜は、写真のようなセルトレイやポットにタネをまいて苗を仕立てることで、土がベチャベチャで作業ができない時期をしのぎ、頃合いをみて移植する作戦があります。

家庭菜園の裏技
耕した後にシートをかけて雨を避ける

苗を育てるとき、ミネラルの補給もお薦めです。作物に肥料を与える際、「ケイ酸カリ」を一坪当たり八〇グラムを目安に使用すると、気象変動のストレスに強い野菜になります。

苗作りは気象変動対策としても有効ですが、自分が育ててみたい品種を栽培するには欠かせません。というのも、店頭に並べられている苗は、名の通った品種が中心になってしまうからです。収穫時期を他の人とずらしてみたいといった楽しみは、品種を選んで自分で育苗するからできることです。

育苗については次ページに詳しく紹介しているので読んでみてください。

長雨時期の育苗作業の裏技

ちょっと横道にそれますが、苗を作っても畑がベチャベチャで植えることができないなんてこともあります。

そんなときは、土が少しでも乾いたところを見計らって肥料を施して耕し、すぐにシートで畑を覆ってしまうのです。雨が降ってもそれ以上ビチャビチャになることはありませんから、なんとかなります。

この方法は少面積だからこそできる裏技です。

品種を楽しむ育苗技術

同じ種類の野菜でも、早く収穫できる「早生《わせ》種」や、寒さに耐える「晩生種」など、収穫時期をずらすことで長く楽しむには、自分で育苗するに限ります。タネまきポットなどを使った育苗の仕方を覚えたら、大雨や鳥の被害を避けることができ、畑に直まきするより確実です。

●紙ポットとイネ用育苗箱

育苗トレーとして、イネの育苗箱と紙ポットを準備。

土は、発芽から苗まで育つよう調整されたタネまき専用のものを使い、時折ポットを軽くトントンと振動させて、縁までたっぷり満タンにします。一般の用土は肥料がたくさん入っていたり、根の張った植物を植え込んだりするためのものですから、タネまきには不向き。

じょうろでしっかり散水しますが、このとき、じょうろのはす口の穴をテープなどで少しふさぐと、水で土が飛び出すこともなく、じわじわ浸水します。

●エンピツでまき穴をあける

散水後、鉛筆で深さ五ミリ前後の穴をポットに一つあけてタネを一〜二粒ずつまき、不織布をかけて土の乾燥や害虫被害を防ぎます。

頑健な苗にするには、明るい場所に置き、葉が触れ合う頃まで適湿に保ちつつ、土が乾かないよう、水はやや多めに与えます。でも葉が触れ合いだしたら徒長させないよう、散水を控えぎみにするのがコツ。

八月中旬であれば、タネをまいてからおおむね四日前後で発芽。三〜四週間たち、本葉が二〜三枚になったら、定植の適期です。

●裏技　カキ殻＋米酢散布

なお、苗を定植する前に、カキ殻を米酢で溶かした手作り酢酸カルシウムの八〇〇倍希釈液を散布する裏技を使うと、根の活着がよくなります。

一品ぐらい、新しい品種を作ってみると、また畑通いが楽しくなりますよ。

育苗の手順

1 育苗に便利な紙ポット

2 イネ育苗トレーに広げてセット

3 タネまき用の培土をつめる

4 タネまき前にゆっくり散水

はす口の穴をふさいでおくと水やりがラク

5 エンピツでまき穴をあける

6 タネまき
タネまき器具があると便利

7 不織布で覆って乾燥を防ぐ

冬野菜『ホウ素欠乏にご用心』

冬野菜の弱点は、秋から冬にかけて育てるダイコン、カブ、ブロッコリー、ハクサイなどのアブラナ科野菜に多い「ホウ素欠乏症」。組織の柔軟性が失われてもろくなり、亀裂やコルク化の症状が茎や果実に現われます。

いよいよ収穫間近になって「カブば引き抜いて輪切りにしたら、芯の黒ずんどった」、「ハクサイの葉の芯が茶色ばい」、「ブロッコリーの茎にかさぶたのできとる」など、たくさんの相談が寄せられます。病害ではないため、多くの場合、食べるのに問題はありません。

ホウ素欠乏で黒ずんだカブの外観

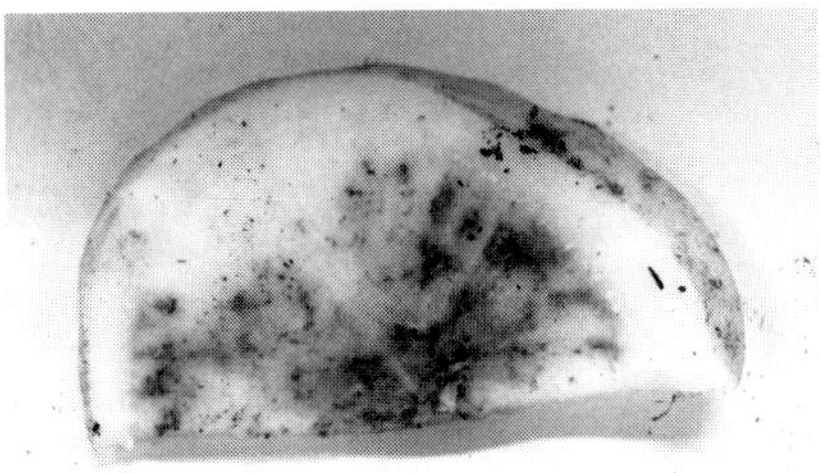

カブを切ったところ

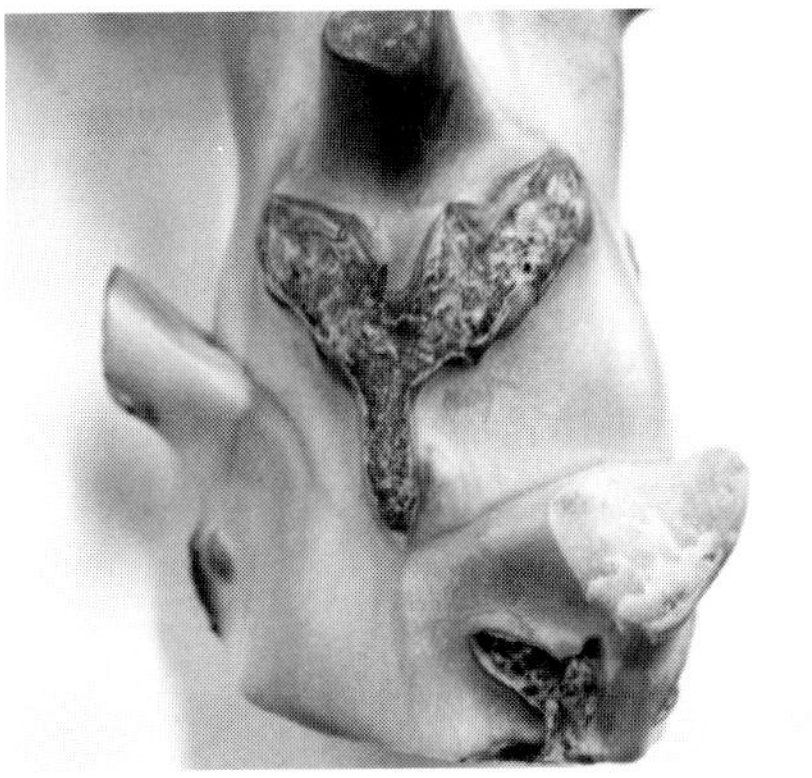

コルク化したブロッコリーの茎

●ホウ素欠乏　なぜ起こる？

直接の原因は可給態ホウ素不足ですが、

▽石灰肥料の入れすぎで、土壌のアルカリ度が高くなりすぎた

▽窒素肥料を与えすぎた

▽生育初期から中期にかけて乾燥が続き、根からのホウ素吸収力の低下や、作物体内での乾燥が続いた

▽砂質の土壌

▽堆肥などの有機質の不足

など。

ダイコン、カブといったホウ素要求性の高い作物を栽培した跡地でも発生しやすいです。

その根っこにあるのは、かつて堆肥やため池、河川などに含まれていた微量要素が、環境変化（気象、化学肥料の多用など）により激減したこと。いわゆる土の栄養失調の一種と思えばよいでしょう。

●元肥で施しておくに限る

ホウ素はカルシウム同様、栽培の全期間中、常に供給しなければならない要素。しかも、ほかの要素と違い、植物体内の古い組織に存在するものが新しい成長点に向かって養分移動しないため、欠乏に気がついてからあわてて散布しても、時すでに遅し。なので、最もよい方法は、元肥として与えておくこと。

ホウ素のほか、マンガン、鉄、亜鉛、銅、モリブデンの六種類の微量要素をバランスよく含む肥料「F・T・E顆粒《かりゅう》」を一坪当たり一四グラムと、「ケイ酸カリ」を同八〇グラムを目安に、土によく混ぜておきます。

生育中の応急処置としては、水溶性ホウ素肥料「ホウ砂」の三〇〇倍希釈混合液を葉面散布すると改善が図られます。

出てからいわれても遅いって？　農の技は積み重ね。ちゃんとメモしておいて、次に生かしましょう。

冬至カボチャ

真夏にまいて冬にそなえる

コツ
①本葉八枚で一本仕立てに
②雄花にしっかり光を

冬至頃に食べると、風邪をひかないといわれるカボチャ。特に抗酸化物質で注目されているベータカロテンの含有量は、野菜のなかでトップクラスです。

店頭でこんな話をしていると、

カボチャの雌花

カボチャの雄花

常連さんが「冬にカボチャができるとな。おおかた南半球のニュージーランド産ばい。今、収穫しても、冬までもたんやろも」

「いやいや、糸島じゃ冬に食べられる冬至カボチャば作ろうと、農家に薦めよるところですたい」

●タネまきは暑いさなかに

冬至カボチャのタネまきは、暑い日が続く七月下旬～八月中旬が適期。直径六センチの黒ポットにタネまき専用の土を入れ、一粒ずつタネをまきます。それから二週間前後で、子葉から本葉が出たら苗を定植します。

肥料の目安は一坪当たりで堆肥三キロ、▽カキ殻石灰五〇〇グラム、▽ケイ酸カリ六〇グラム、▽野菜配合肥料三五〇グラム。よく土と混ぜ、ウネ幅は三メートル。高ウネで排水をよくし、雑草と乾燥防止のため、マルチか敷きわらをします。

苗の植え付け間隔は四〇～五〇センチ。ぐらつかないように株元はしっかり押さえますが、深植えはよくありません。畑が乾燥している場合は、植え穴にたっぷり水を。

●本葉八枚で一株一本仕立てに

本葉が八枚程度開いたころ、つるの向きをそろえます。わき芽と、つぼみを含めて雌花はすべて除去し、主枝にのみ実をつけさせる一株一本仕立てにしますが、雄花は必ず残します。

茎から葉が生えている部分を「節」、花が咲いて実がつくことを「着果」と呼びますが、収穫する目安の着果節位は一五節位以降で。これより前の葉はカボチャを形作る葉で、これ以降の葉はうまみを出す葉なのです。一五節位前についた実は、変形や収量減の原因となりやすいので、もったいないようでも摘果します。

【カボチャの植え付け間隔は 40 ～ 50㎝】

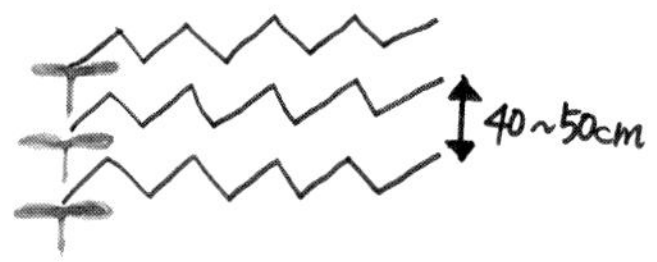

つるの向きもそろえるのがコツ

【着花させるのは 15 節以降で】

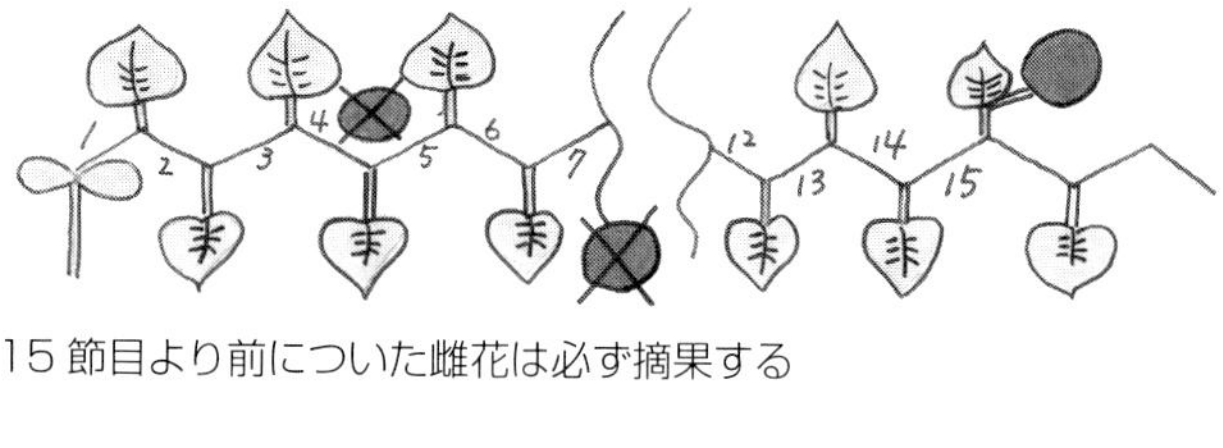

15 節目より前についた雌花は必ず摘果する

●雄花にしっかり光を当てる

雄花は光が十分当たるように。光が当たらないと花粉が少なく、ミツバチが来ても、着果に至りません。カボチャは着果後、六〇日程度で完熟。玉の付け根の成りつるがコルク化したら、収穫の適期です。

私のお薦め品種は「ロロン」。変わった形ですが、クリのようでほくほくです。

ハクサイ

生育初期の葉っぱ育てが勝負どころ

コツ
①生育初期を順調に育てる
②窒素控えて完熟堆肥で

●生育の早さが特徴です

ハクサイの特徴はキャベツ類と比べ、とても生育が早いこと。生育初期は一日当たり〇・七～一枚、最盛期は一～一・五枚の葉ができます。根は細めですが、非常に広く張り、直まき栽培では深さ一メートル、幅は三メートルにもなるほど。この細根の活動が急速な発育を支え、短期間に大きな球葉を作れる秘密なのです。

生育が遅れて結球しなかったハクサイ

つまり、ハクサイ栽培で最も重要なのは、定植後から生育初期まで順調に育て、深く広い根を張らせる環境を作ること。逆に根を伸ばす畑の土がガチガチだったり、苗を植えた後の極端な水不足だったり、育苗期間が長すぎる老化苗を植えたりすると、結球しないとか、「芯腐れ」などの生育障害が生じやすくなります。

●結球には一〇〇枚の葉が必要

結球には八〇～一〇〇枚の葉が必要です。タネまきが遅れたり、定植後の活着が悪かったりすると、寒くなる十月中旬までに必要な葉の枚数を確保できず、球が固く締まりません。

秋まきの一日遅れは、春まきの一週間遅れに匹敵しますから、適期のタネまきは厳守です。

葉の白い部分にゴマのような斑が入る「ゴマ症」

石灰欠乏で起こる「芯腐れ症」

●窒素過多には厳重注意

定植後の活着には追肥も重要なのですが、ただ注意してほしいのは窒素過多。免疫力が低下してアブラムシがついたり、葉にゴマのような斑が入る「ゴマ症」にかかったりします。

窒素過多は地際部から軟化腐敗し、悪臭をともなう「軟腐病」も招きます。病株は早期に抜き取り、持ち出し処分を。さらに、窒素が多すぎると石灰が吸えなくなり（拮抗《きっこう》作用といいます）、縁腐れ症（通称ガクブチ病）や芯腐れ症（同アンコ病）など、葉の先端が褐変する生理障害の石灰欠乏症が出やすくなります。

●完熟堆肥と追肥で

これらを防ぐのが、窒素肥料を少なめに、完熟堆肥を十分施した土作りです。目安としては、一坪当たり完熟堆肥八キログラム、窒素肥料（12－15－10）は一・七キログラム程度。追肥のタイミングは植え付け後一〇日～二週間ごろを目安に株元へ施します。

二回目は定植後一カ月ごろにウネ間に施し、根を傷めないようにくわで中耕しながら肥料を混ぜ込みます。

●青虫、コナガ防除も忘れずに

ハクサイだけのときは、ウネにするなど水はけをよくします。青虫やコナガなどに食害されたところから病原菌が入るので、害虫の防除も徹底してください。

ダイコン・聖護院大根

混植で二倍楽しみ、聖護院で超ド級のジャンボを狙う

コツ
①友育ちを活かして混植
②こだわりのジャンボ聖護院は発酵肥料で

タネをまくとき、一粒より数粒まいたほうが競い合ってよく成長することはご存じですよね。「友育ち」といって、ある程度株同士が接触することによって、その刺激が生育を早めるのですが、接触の度合いが大きくなりすぎると、接触刺激は互いの成長を抑制し、勝ち負けが出てくるため、間引き作業が必要になります。

間引いたダイコンを食べるのもいいですが、普通の青首系大根二粒と、赤系二十日大根二〜三粒を混ぜて同時に一穴にまくと、友育ちと収穫を両立させることができます。

青首品種と二十日大根を混植したら２倍楽しめる

●二十日大根と青首の混植

タネまき後三〜四週間でまず二十日大根を収穫。その後青首大根という具合で、同じ面積の畑で二倍楽しめるというわけです。

二種類まいても、力を合わせてよっこらしょと土を持ち上げるので、発芽力は変わりません。間引くときも、二十日大根は小さいときから軸に色がついているので間違えずに済みます。

●鎮圧ともみ殻覆土がコツ

栽培時のポイントは二つ。タネをまいたら軽く土をかぶせ、手のひらで軽く鎮圧して平らにすること。でこぼこがあると発芽のばらつきがでます。

もう一つは、もみ殻を土の上に薄くまくこと。乾燥防止と、雨滴が土の表面をたたいて固くなるのを防ぎます。もみ殻が手に入らない方は、蛭石《ひるいし》を高温で焼成した市販のバーミキュライトでも代用できます。

●超ド級ジャンボ聖護院

聖護院大根は、京都の冬には欠かせない京野菜の一つで、煮ると大変やわらかく、普通の大根と比べると倍以上の値がつく高級品。私の住む福岡県糸島市では、青首総太り大根がほとんどで、そう栽培されていません。

先日、こだわりをもって土作りをしているおじちゃんが店にやってきました。

「古藤さん、これば見ちゃってん」と持ち込んできたのは、次ページの写真の超ド級ジャンボ聖護院大根。

思わず「これゃ、太かー」。聖護院大根は直径一五〜二〇センチ、重さ一〜二・五キロあたりが相場。それなのに、おじちゃんのは直径二八センチ、重さ七・五キロもあったからです。いやあ、たまげました。

●発酵肥料使って五カ月かけて

「いつタネばまいたと」とたずねると、「昨年九月末」という返事。五カ月かけてここまで育ったのです。

「なんの肥料ば使うたとね?」

「古藤さんが薦めた肥料に、天然素材を自分で混ぜ合わせて畑によーとすき込んでみたとよ」

私が薦めた肥料というのは、福岡市・天神のビルの飲食店から出る分別された生ごみをリサイクルし、発酵処理した特殊肥料「天神様の地恵」と、先にご紹介した玄界灘産カキ殻石灰「シーライム」。天然素材とは、自宅から出る生ごみと米ぬか、油かすでした。

「食べてみんしゃったね」

「そりゃ、煮たらやわらかくて、味のよーしみ込んで、とろける口当たりばい」

甘くておいしい野菜作りにはミネラルと、有機物の分解を促進する「土壌酵素」が必要です。シーライムから海のミネラル、野菜の皮やへたなどが含まれた生ごみからもミネラルや抗酸化物質が供給されたことで、こんなに大きく、味のよい一品がとれたのでしょう。

「今年の秋は、桜島大根ば栽培してみるばい」。おじちゃんは意気揚々と引き揚げていきました。

おじちゃんが持参したデカーイ聖護院大根（左）

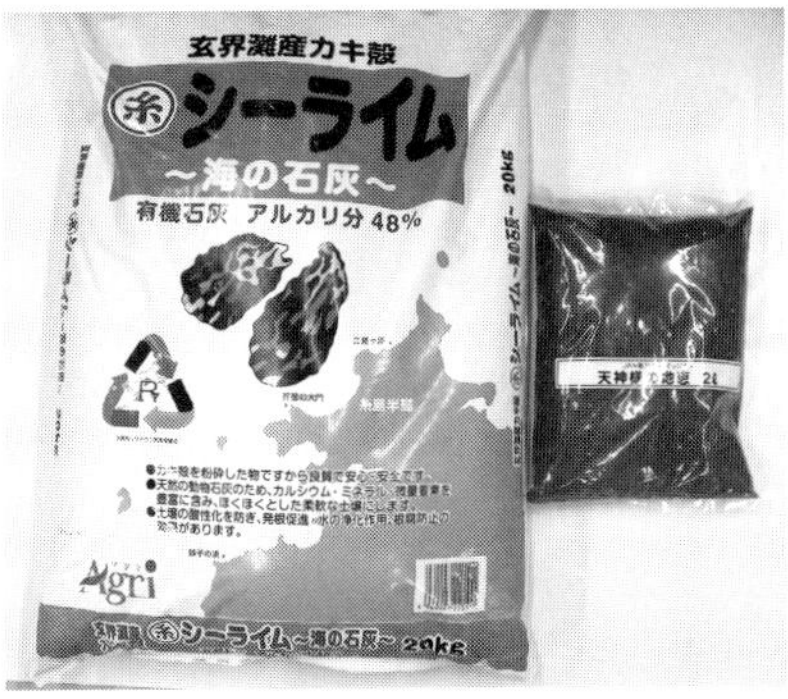

カキ殻石灰「シーライム」と「天神様の地恵」

ビルの飲食店から出た生ごみを発酵させた特殊肥料「天神様の地恵」

●ドクター・コトーお薦め●

天神様の地恵

「天神様の地恵」とは、福岡市の中心街天神の、西鉄ソラリアビル内の飲食店から出た新鮮な生ごみを堆肥化したもので、私たちJA糸島アグリもお手伝いして、特殊肥料として商品化しました。

「天神様の地恵」という名称は、企画し商品化した西鉄が商標登録しています。

西鉄では、この商品を佐賀県伊万里市内の農家グループに使用してもらい、そこでとれた米や野菜などの農産物はホテルのレストランなどで使用されています。こうした活動は、〝食の循環リサイクル〟として、高い評価を得ています。

商品化に協力したことで、唯一JA糸島アグリだけに小売りが許可され、アグリでは現在、土を豊かにする土壌改良剤として販売しています。黒砂糖のようないいにおいがします。

本書でも紹介した、生ごみ堆肥作り用段ボールコンポスト「すてなんな君ゼロ」にも同梱されて、発酵基材として利用されていますし、「天神様の地恵」という個別の商品としても販売しています。

写真の商品名につけている「オリジナル」というのは、アグリで植物成長試験や商品の改良などを行なっているためにつけたものです。

落ち葉も雑草も、「天神様の地恵」を使えばいとも簡単に堆肥にすることができます。こんな利用法を知れば、家庭からでる生ごみは、もはや「ごみ」ではありません。宝物です。

ニンニク、ホームタマネギ

秋野菜本格化直前に植えるのがお薦め

コツ
①ユリ科野菜には鶏ふんの相性よし
②黒マルチで地温確保と肥料保持

●秋野菜をまく直前に

九月、秋野菜のタネまきが本格化する前に植えてほしいのがユリ科の野菜。栄養豊富で育てやすく、少ない面積でも比較的たくさんの収穫が見込めるのが魅力です。

おなじみのニンニクのほか、年内の収穫が可能で葉も一緒に食べられるホームタマネギ、これも年内に収穫でき、やわらかくてすき焼きに鍋物料理に重宝される乾燥干しネギ、ワケギ、アサツキ、西洋ラッキョウことエシャロット……。

この時期、よほどの高温乾燥が続かなければ、八月下旬～九月下旬が植え付けの適期です。

●栽培のポイント

▽アルカリ性の土を好むので、植え付け前に有機石灰を

▽植え付け後の初期生育を促すため、リン酸成分の多い肥料を元肥に加える

▽生育前半の水管理は保湿重視、後半は比較的乾燥状態で育てる

▽品種選び

ニンニクは、品種によって冬季の適温が違います。温暖地では外皮が赤くて鱗片が多く、強い香りと濃厚な味わいが特徴の「紫系ニンニク」。全国的に有名な「福地ホワイト六片」は、どちらかといえば冷涼地向きです。

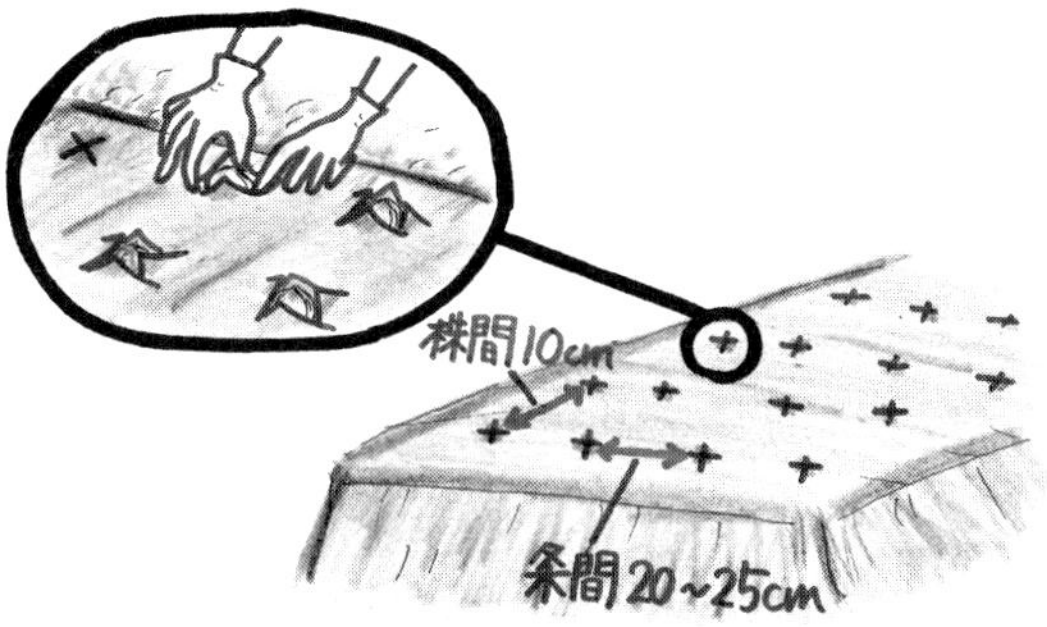

ニンニクとホームタマネギは株間10㎝、条間20～25㎝で植え付ける

●鶏ふんと黒マルチは必須

ダイコンやホウレンソウなどに比べ、収穫までの期間が長い（約九カ月）のが特徴。そのため元肥には、ユリ科野菜と相性のいい鶏ふんと、根の張りをしっかりさせるケイ酸カリを加えることをお薦めします。

肥料の目安は右図のとおりで、土によく混ぜ込んで十分に水を含ませたら、草抑えと冬季の地温確保、肥料保持を目的に黒フィルム（マルチ）を張ります。

マルチによって土の中で活性化した微生物が鶏ふん（有機質）をゆっくり分解するため、その分、肥料効果の持続性も増します。ただし、使う鶏ふんは完熟のものを。未熟なものはガスが出て逆効果になるので用心が必要です。

元肥（1坪当たり）
- 完熟堆肥　8.3kg
- 鶏ふん　660ｇ
- カキ殻石灰（シーライム）　500ｇ
- 熔燐　165ｇ
- ケイ酸カリ　82ｇ
- 有機配合（13-14-9）　265ｇ

●植え付け方法

マルチを張り終えたら、次は植え込み。ニンニクとホームタマネギについて説明します。

種球の植え付け間隔は、ともに

株間一〇センチ、条間二〇～二五センチ。球根の発根部を上にして、ニンニクは一球を割った一片を五～六センチの深さに。ホームタマネギは、首がわずか出る程度まで植え込みます。

栽培ポイントを補足すると、種球定植直後から生育初期までの乾燥は厳禁。極端に雨が少なく、乾燥傾向ならば定期的な水やりは大切です。初期生育に乾燥させてしまうと、変形した球ができたり、トウ立ちが早まったりするからです。その後は逆に、乾燥ぎみに育てるのがコツ。

そうそう。株元から生える雑草は、こまめに抜き取ることも大事です。

ニンニクは5～6cmの深さまで指先で押し込む

ホームタマネギは、首がわずかに出る程度まで植え込む

●引き締まったニンニクの裏技

裏技とは、二月頃、葉の上から、ウネに張った黒マルチが真っ白になるくらいに有機石灰を散布すること。

有機石灰からのカルシウムの供給によって、実がバラバラになりにくく、引き締まったニンニクができるのです。

●ドクター・コトーお薦め●

炊飯器で黒ニンニク作り

一度植え付ければそれほど手がかからず、家庭菜園でも簡単に栽培できるニンニク。ただ、そのままにしておくとそのうち芽が出てしまうので、私は長期間保存できる黒ニンニクに加工し、さらにパワーアップして食べています。

収穫したニンニクはネットなどに入れ、一カ月ぐらい陰干しして完全に乾燥させます。

本来ならこのあと蒸して燻製するのですが、これはちょっと面倒なので、私は炊飯器（保温ジャー）を使います。

丸のままのニンニクを入れ、保温スイッチを押して一〇～一四日間、置いておくだけ。試食して、ニンニク特有の辛みがなくなっていたら完成です。

できればこのあと、常温で一カ月以上放置しておくと熟成が進み、さらにおいしくなります。

注意点は、保温時に、ニンニクのにおいが周りに漂うこと。かなりきついので、人があまりいないところで作るほうが無難です。

ニンニクは炊飯器にまるごと入れ、10～14日保温する

炊飯器でこしらえた黒ニンニク（右）

タマネギ

地温を上げて乾燥防止につとめる

コツ
①土のpHを五以上に改良
②植えてからは、株間を敷きわらか黒マルチで被覆

秋冬野菜栽培の大トリはタマネギ。早く収穫できて生食に向く極早生《わせ》から早生は十一月初旬、貯蔵性のある中生、中晩生《おくて》は十一月中下旬からと、品種とポリマルチを組み合わせれば、収穫後も長く楽しめます。

しっかりと根が生えたタマネギ

●定植のとき根を乾かさない

甘みがのり、貯蔵性のよいタマネギ栽培のポイントは根。定植時に根を乾かさないでスムーズに活着させられるか、生育中の根をいかに元気よく張らせることができるか。定植した苗が小さければ、寒い冬の間ストレスを感じながら育つため、生き延びたとしても満足なできにはなりません。

タマネギの根は浅く広く張るため、霜柱が立つと根が持ち上がり、苗が決定的なダメージを受けます。苗が小さいと、さらに傷みやすくなります。だから、寒い冬に耐えられる根作りと、保護対策が重要です。

●根を守るためのマルチ・不織布

お薦めがポリマルチの活用です。

①冬場の地温確保で根を保護
②雑草対策（タマネギは雑草に弱い）
③雨などで土中の肥料が流れないようにする
④土のはね返りによる病原菌の抑制

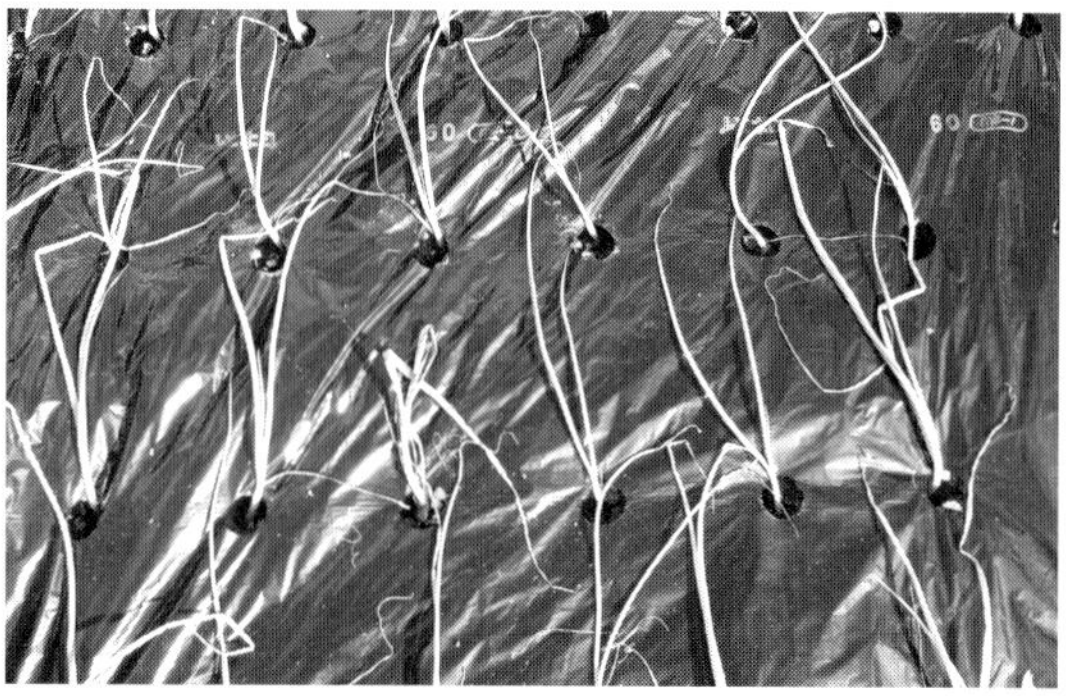
穴あきマルチに植えたタマネギ

これらのため、栽培時、ポリフィルム（マルチ）を使うのです。

ポリフィルムは、幅一五〇センチで、一メートル当たり約五〇円。ただし、長期間雨が降らないとマルチ内の土の乾燥が問題になるので、マルチの穴が三〇ミリと大きめで、降雨が取り込めるタマネギ専用マルチを使うと安心です。

雨などを通して保湿性も高い不織布もあります。一メートル幅一〇メートルで約二〇〇〇円と、ポリフィルムより高いですが、繰り返し使えます。

タマネギ用資材売り場にある穴のあいたポリフィルム。手にしているのが不織布

●苗の太さは細いエンピツ程度

植え付け時の標準的な苗の大きさは、一〇〇本で四〇〇グラム程度。手帳についている細い鉛筆ほどの太さが目安で、極端に大きいとトウ立ちしやすく、小さいと小

タマになりがちです。

タマネギ栽培用のマルチを使う人は、ウネをそのマルチで覆い、穴のあいた部分に割り箸を差し込んで、深く穴をあけます。そこに、苗の根をまっすぐ下に伸ばし、深さ二・五センチ程度で定植すると根がしっかり深く張ります。

水やりは、活着するまでの一週間程度は乾かないよう適宜必要ですが、その後はマルチの下の土の表面に潤いがあれば不要です。このやり方なら、苗を植え付けるタイミングも天候に左右されないし、面倒な追肥も必要ありません。

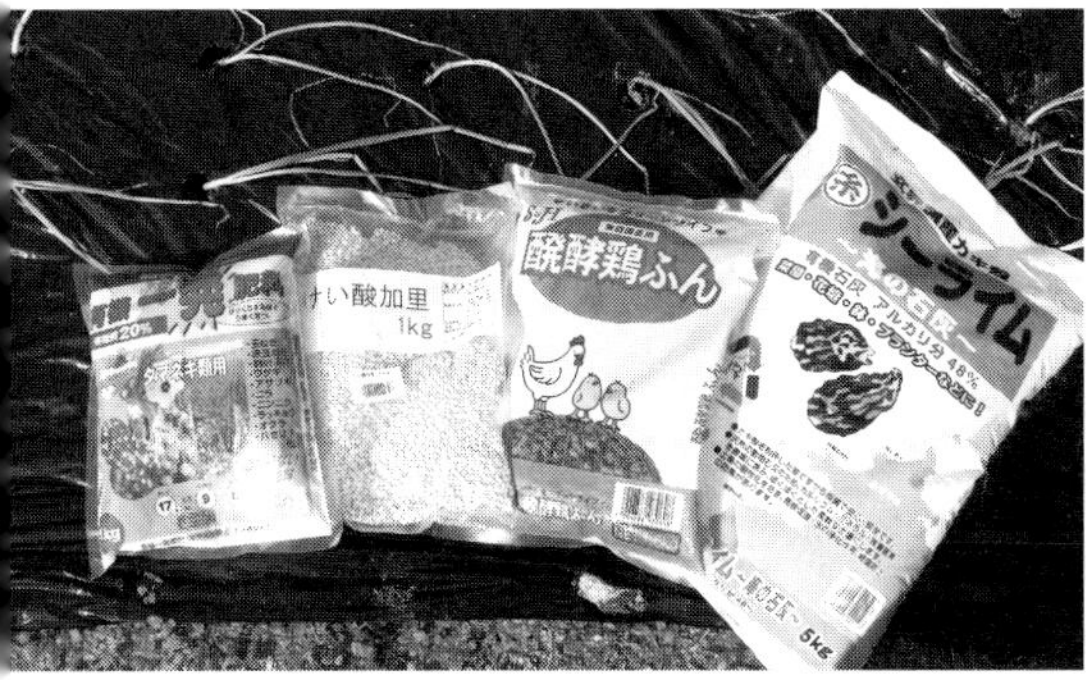

タマネギ栽培にお薦めの肥料

●肥料が多いと保存がきかない

定植前の土作りも重要です。堆肥と多めの石灰に加え、根の張りを強化するケイ酸カリと腐植酸肥料を坪当たり各八〇グラム施肥。加えて元肥に追肥がいらないリン酸成分が多いタマネギ元肥一発肥料を使えば、しっかりした根ができ、タマネギの葉もシャンとなります。

タマネギは肥料が効きすぎると保存性が悪くなり、少ないと太りません。また、早く植えすぎるとトウ立ちが起こりやすくなり、遅いと太りません。適量の肥料と適期植え込みが、保存のよいおいしいタマネギ栽培のコツです。

タマネギ栽培おすすめ土作り（各1坪当たり）
中晩生種（1坪当たり 90 本が定植目安）

肥料名	施肥量
完熟堆肥	7kg
玄海灘産カキ殻石灰「シーライム」	600g
ケイ酸カリ	80g
鶏ふん	350g
玉葱有機一発	360g

中晩生《おくて》品種を栽培される方は、表を参考に土作りしてみてください。肥料をすべて一緒に土に混ぜ込んだあと一雨当てると、土の水分と反応し、タマネギの根の初期生育が安定します。

なお、極早生、早生品種では肥料の配合が変わります。お近くの園芸センターにお問い合わせください。

収穫の際、ぐっと引き抜く力がいるくらい根が張っていれば、貯蔵性もOK。一方、タマネギのできがどんなに立派でも、簡単に抜けたら、早めに食べたほうがよいでしょう。

●タマネギの元気は葉でわかる！

タマネギの元気度は葉に現われます。葉先の色が変わる程度なら問題なし。でも、真ん中で色が変わったり折れたりしたら病気が発生しやすくなり、下のほうで同じようになったら、いくら農薬散布回数を増やしても病気は止まりません。

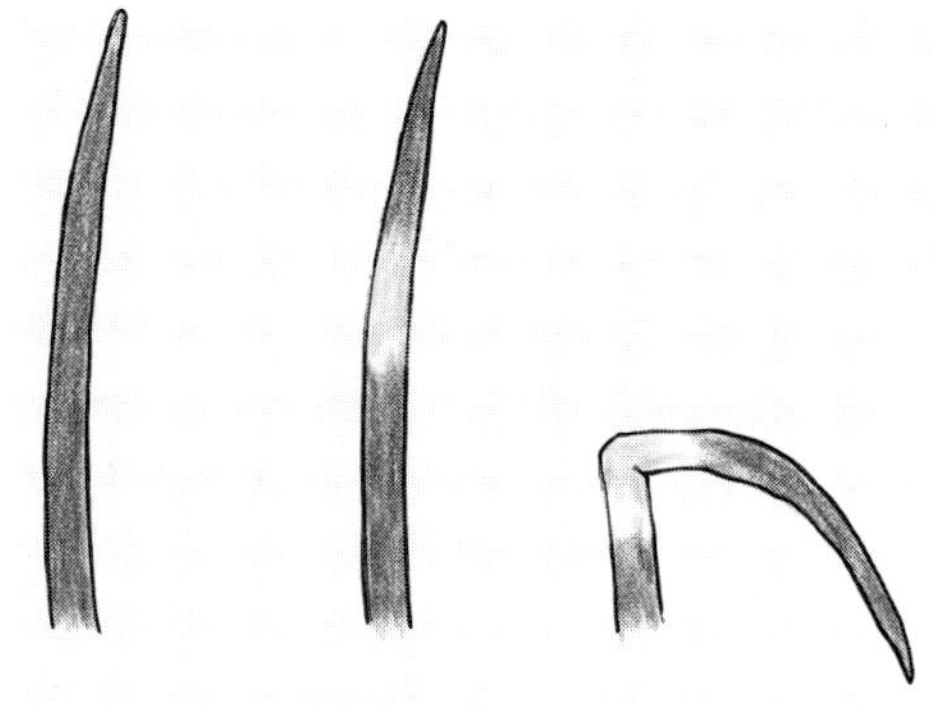
タマネギの葉による栄養診断、左は病気の心配なし。中は病気が発生しやすく、右はいくら農薬散布回数を増やしても病気は止まらない

●タマネギ長期保存の裏技

上手に保管したら、一年くらい貯蔵できるのもタマネギの魅力。でも、納屋の軒先にぶら下げたタマネギが、夏過ぎから傷み始め、「吊るしとったらポトポト落ちてきて頭に当たった」とか「芽が出てきて食べられんごとなった」という相談が後を絶ちません。

長期保存のポイントは二つ。生育期間中を通じてカルシウムをきっちり吸収させることと、生育後

農家の軒先に吊り下げられたタマネギ

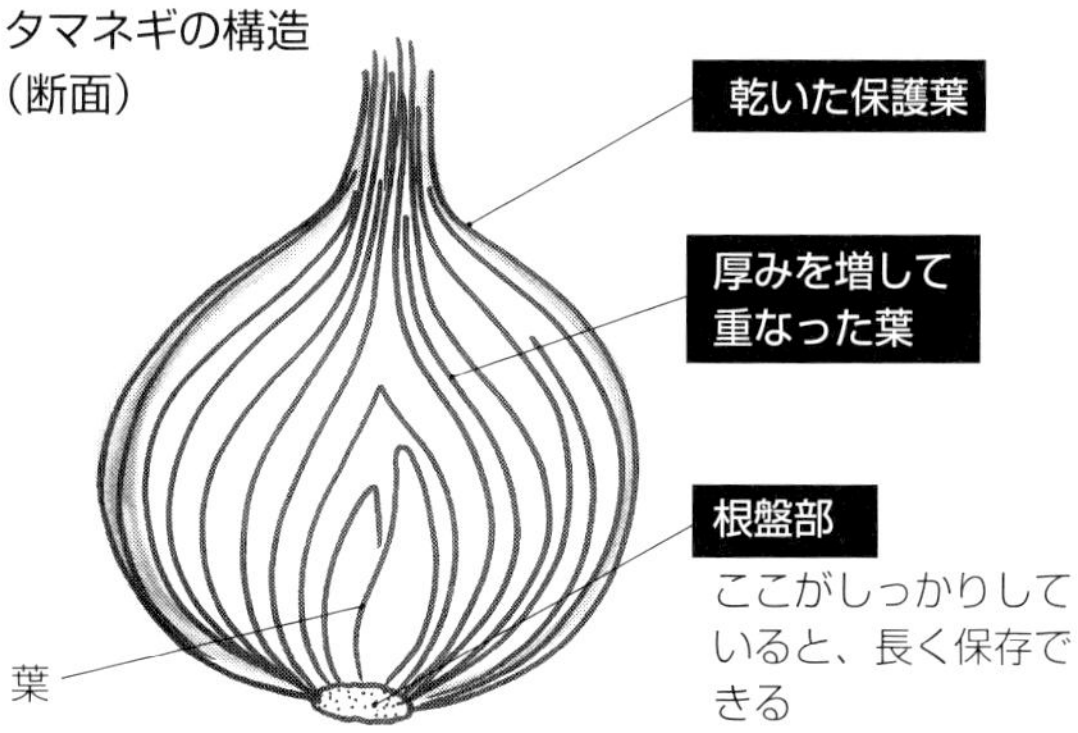

半には窒素成分を抑えて、カリ成分が効くように肥料を調整することです。

こうすることで、タマネギの葉の一枚一枚が集中し、根が生える根盤部をしっかり生育させます。ここががっちりすると球全体が締まり、保存性が向上します。

次に、紹介したい裏技です。

二～三月、生育中のタマネギに月一回、一坪当たり紙コップ満杯（八〇グラム）を目安に、カキ殻などを原料にした有機石灰を、葉の上から直接振りかけることです。

土の上に黒いマルチをかけていても大丈夫、雨などでゆっくりとけだし、タマネギに吸収されます。

玄界灘のカキでつくった有機石灰

黒マルチの上に有機石灰を振った畑

九条太ネギ　干しネギ栽培

こげんカラカラのネギ苗で大丈夫か?

コツ
①十月下旬播種で三月移植、七月から干す
②干し苗は浅植えに

九月上旬が苗の植えどきの九条太ネギ。冬場は病害虫も少なく、育てやすいのでお薦めです。

●びっくり！　干しネギ栽培

紹介する九条太ネギは、根から掘り上げたネギをカラカラに乾燥させた「干しネギ」栽培です。

十月下旬にタネまきし、翌年三月上旬に移植。七月中旬に畑から取り上げたネギの苗を、写真のようにハウスの中で乾かすという過酷な状況に置くことで、ネギの生きる力に火がつき、発根が増えて多収になるというやり方です。

ハウスの中で乾かされる九条太ネギ

九月上旬に植え付ければ十月には緑の葉の部分が収穫できますし、年内には甘くてとろっとした白い軟白部も食べられます。畑に置いておけば、翌年三月中旬ごろまで随時収穫でき、重宝します。

●日当たり良好の畑で

畑は日当たり良好で日照時間が長く、排水のよい有機質に富んだ土壌がベスト。土壌の適正pHは五・五～六・五なので、カキ殻石灰「シーライム」を一坪当たり五五〇グラムの割合で土とよく混ぜます。

肥料は一坪当たりで馬ふん堆肥を七キロ、発酵鶏ふん三〇〇グラム、ケイ酸カリ八〇グラム、アヅミン八〇グラムに、窒素・リン酸・カリが入った配合肥料を入れて耕します。その後、二～三回すき返しを行ない、土壌をやわらかくしておきます。

●苗は株元一五センチで切り浅植えに

ウネ幅は一二〇センチで、高ウネに。干し苗を植え込む際はまず古葉や病葉を除去したうえで、株元から一五センチほどで切除。こうすれば、植え付け作業もやりやすく、新葉の発生も促されます。

植えるのは一カ所に二～三本で、株間は一〇～一五センチ。最初から深植えすると、根が腐りやすいので浅植えします。

●月一追肥のとき土寄せを

十月、十一月と、月に一度の割合で行なう追肥のときに除草も兼ねて軽く耕し、根の周囲に土寄せします。地中に埋まった箇所は白く、地上に出た部分は緑になるので、緑の葉をよく使う人は浅めの土寄せ（四条植え）、鍋用に軟白部分を長めに作りたい人は深めの土寄せ（二条植え）をします。

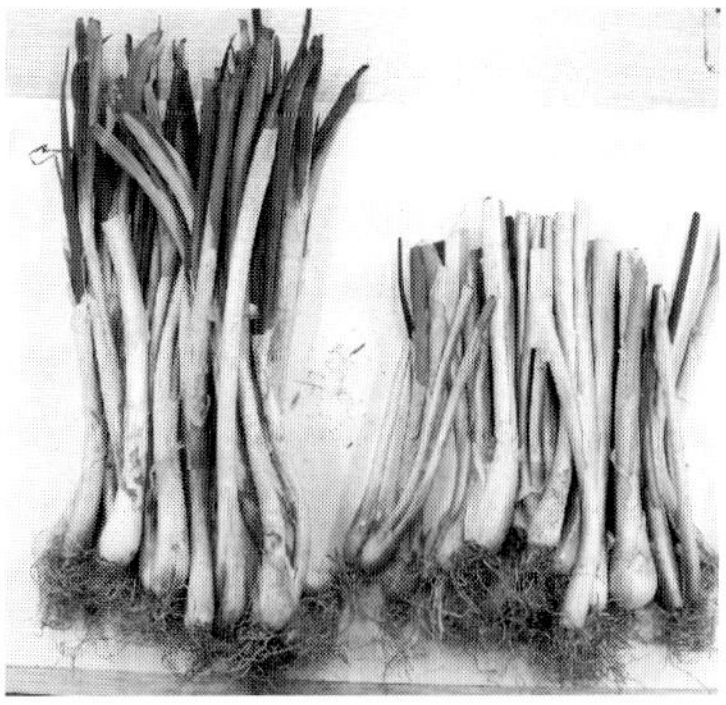
干し苗を植え込む際は、古葉や病気の葉を除去したうえで、株元15㎝ほどで切除する

軟白部を利用するときは、２条植えして深めの土寄せ

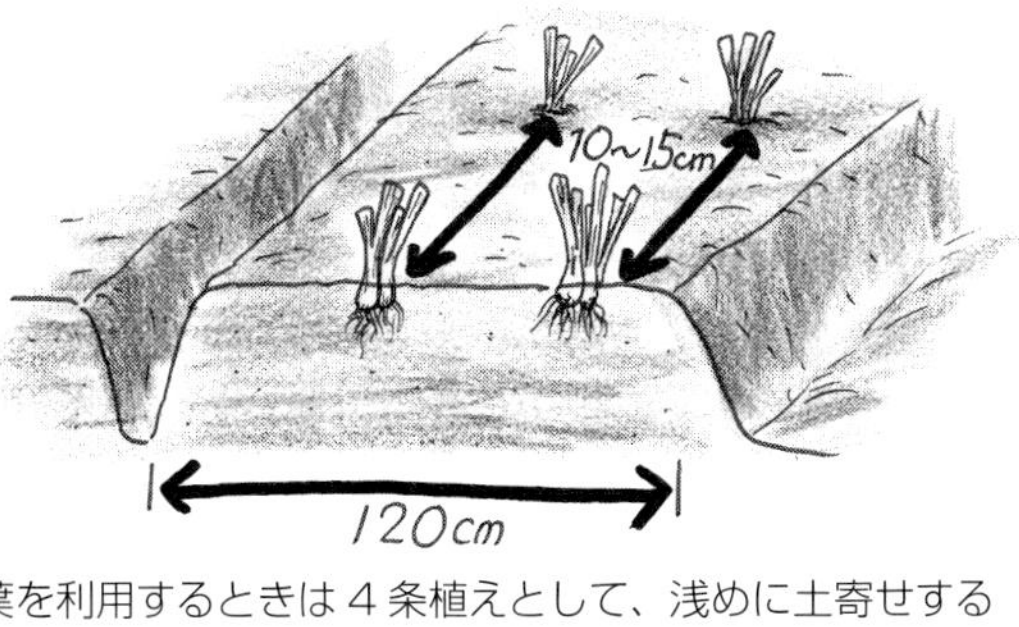

葉を利用するときは４条植えとして、浅めに土寄せする

秋ジャガイモ

品種選びと植え付け時期さえ間違えなければＯＫ

コツ
①お薦め品種はデジマ、ニシユタカ
②暑さが残り、植え溝の底土ヒヤッが適期

秋ジャガは春ジャガに比べて収量はやや劣るものの、イモのデンプン価が高くなり、ほくほく感が増すのが特徴。気温の低い時期に貯蔵するため芽が伸びず、保存性が高いのも魅力で、暑さが残る九月八日ごろに植え付け、十一月下旬に収穫したいところです。

害虫発生や台風被害の危険性が増す時期の栽培になりますが、植え付け時期を守る、秋ジャガ向きの品種を選ぶなどのポイントを押さえれば栽培は簡単です。

●二期作可能な長崎生まれ品種

春と秋の二期作も可能な九州のお薦め品種は、春作のメークインや男爵ではなく、長崎生まれの「デジマ」や「ニシュタカ」。品種を間違えると、適期に植えても出芽が遅れ、その後の霜や寒さで枯れます。

植える時期が早過ぎると、暑さでタネイモが腐敗したり、土の病原菌であっという間に立ち枯れする「青枯病《あおがれ》」にかかりやすくなったり。逆に遅れると、生育後半の寒さでイモが十分に大きくならず、収量が減ります。

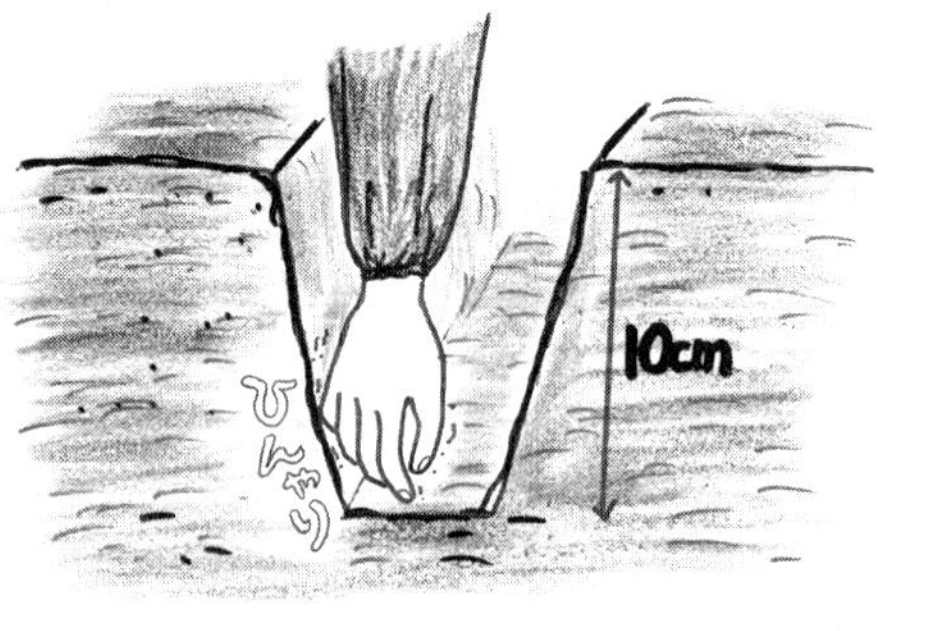

土の中に手を入れ、指先がひんやりしたら植え込みＯＫ

●五〇グラム以下なら一個植え

植え付ける時期は地温が高いので、タネイモを切ると腐りやすくなります。そのため、五〇グラム以下のタネイモは切らないほうが無難。それ以上の大きなタネイモは、イモの頂部を中心に切断し、風通しのよい場所に二日程度置いて切り口を十分に乾燥させてから植えます。切り口にジャガイモ用のシリカ（珪酸塩白土）をつけると、さらに腐敗予防につながります。

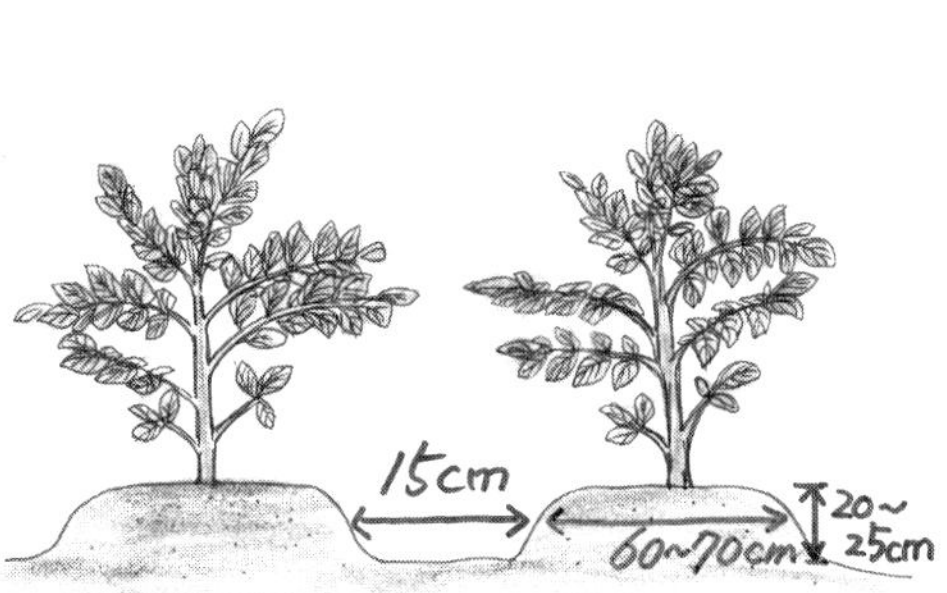

適度な肥料を与えた葉は、隣のウネの葉と適度な空間があるくらいに茂っている

●そうか病予防にカキ殻石灰

トマトやピーマンなど、同じナス科の連作は避けてください。連作は、イモの表面がカサカサになる「そうか病」や青枯病などの病害を招きます。

畑は、排水性、保水性ともによく、強風が当たりにくい場所を選

隣の葉とのすき間が開きすぎているときは肥料不足

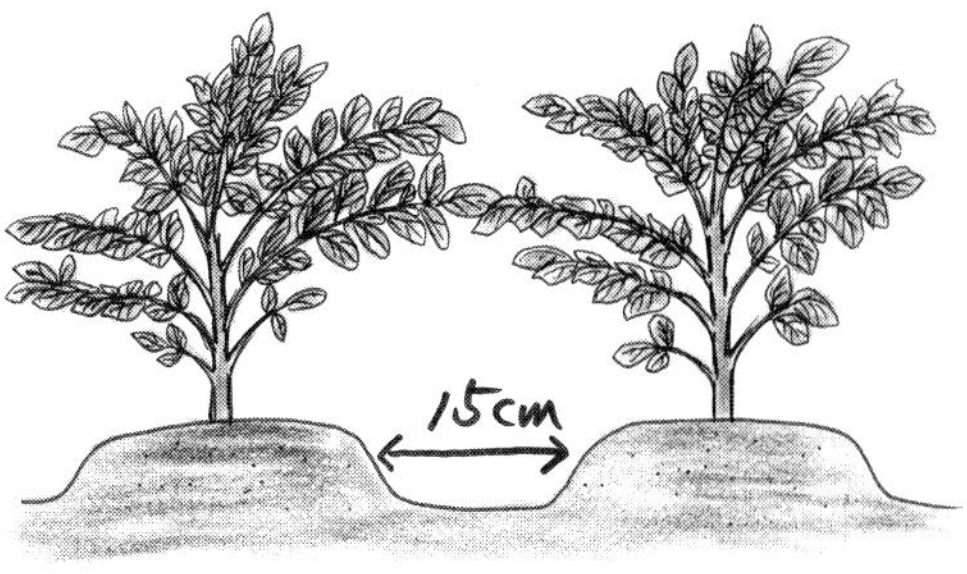

隣の葉と重なるくらい茂ったときは肥料過多

びます。そうか病の発生を抑えるため、一坪当たりで、カキ殻石灰は少なめの一六五グラムにして、完熟堆肥一六五〇グラムとケイ酸カリ八〇グラム、FTE顆粒微量要素肥料一四グラム、イモ専用肥料一六五グラムを施し、十分に耕うんします。

石灰を入れすぎると「そうか病」が発生しやすくなるので要注意です。

●植え溝の底土ヒヤッが適期

ウネは幅六〇～七〇センチ、高さ二〇～二五センチ、ウネとウネの間は一五センチ。ウネの中央に深さ一〇センチ程度の植え溝を掘って土の底に手を入れ、指先がヒヤッとしたら、植え込みの適期。タネイモを株間二五～三〇センチ間隔で植えますが、目減り分を考え、覆土は少し盛るくらいでちょうどよいです。

●雨がないなら水やりを

植え付け後に雨が降らない場合は水やりを。出芽が促され、収量が増えます。順調なら植え付け二～三週間後に出芽。出そろったら、根張りをよくするため、除草を兼ねて株元に土寄せします。土寄せの時期が遅れると、伸びた根を傷つけることがあるので時期を逃さないように。

●隣のウネの株と少しすき間を

生育状況は、葉の茂り具合で判断します。通路をはさみ、隣のウネの株の葉と少しすき間があるぐらいが良好。肥料過多だと葉が茂り過ぎて重なり合い、少ないと間が広がりすぎます。

カキ殻石灰五〇グラムを米酢一〇〇ミリリットルで溶かした酢酸カルシウム溶液を作成。水で五〇〇倍に薄め、月に一回程度散水するとミネラル補給ができ、イモの肥大が安定します。

こんな楽しみも　菜園畑での花栽培

アジサイ

毎年美しい花を咲かせるには

コツ　花後と秋の二段階剪定で、小柄な体に花いっぱい

日本の梅雨を彩るアジサイ。花の色は、紫、ピンク、青、白とさまざまですが、個々の株がもつ補助色素に加え、赤い色素であるアントシアンの有無により大きく左右されます。土壌が酸性だと青っぽくなり、アルカリ性だと赤っぽくなります。これは土壌からのアルミニウムの吸収具合によって、花弁の色が変化するからです。

アジサイ

●剪定の時期の失敗

「今年はあんまり花が咲かんかった。肥料もしっかりやって、剪《せん》定《てい》もバッチリきれいにしたとばってん、なんでやろか」。常連さんからこんな相談が。

意外に多いのが、上手にやったつもりの剪定の失敗。具体的には、切りつめる時期の誤りです。

気温が一八度を下回ると花芽が作られるとされるアジサイ。私の住む福岡県糸島半島では、おおむね十月中旬あたりです。

花芽の分化は充実した枝でしか行なわれません。なので、実は花芽ができる数カ月前から、枝の成長と養分の蓄えが必要。だから春から伸び出して花をつけなかった枝は、翌年まで十分な時間があるため、咲く可能性は大。一方、花が咲き終わった後（花後）、伸び出した枝につぼみをつけさせるには、できるだけ早く花殻を摘み取り、栄養を枝の充実に振り向ける必要があるのです。

ヤマアジサイやカシワバアジサイは六月中、ガクアジサイや園芸アジサイは七月中に花殻を切るとよいでしょう。冬越しをする大きな芽の中にはつぼみが入っているので、秋、冬に枝を切る場合は、不要な枝を切りつめる程度に抑えます。

●二段階剪定がお薦め

剪定のやり方はいろいろですが、お薦めは二段階剪定。一度目は、花後すぐに、花から二～四枚目の葉の位置で枝をカット。二度目は秋の初め、一度目の剪定の後、切ったすぐ下の芽が伸びて出てきた新しい枝の一つ下の葉の付け根に、翌年の花芽ができるので、その上で切りつめます。

二度も剪定するのが面倒なら、花が咲いたらすぐに、咲いていた

２段階剪定のやり方

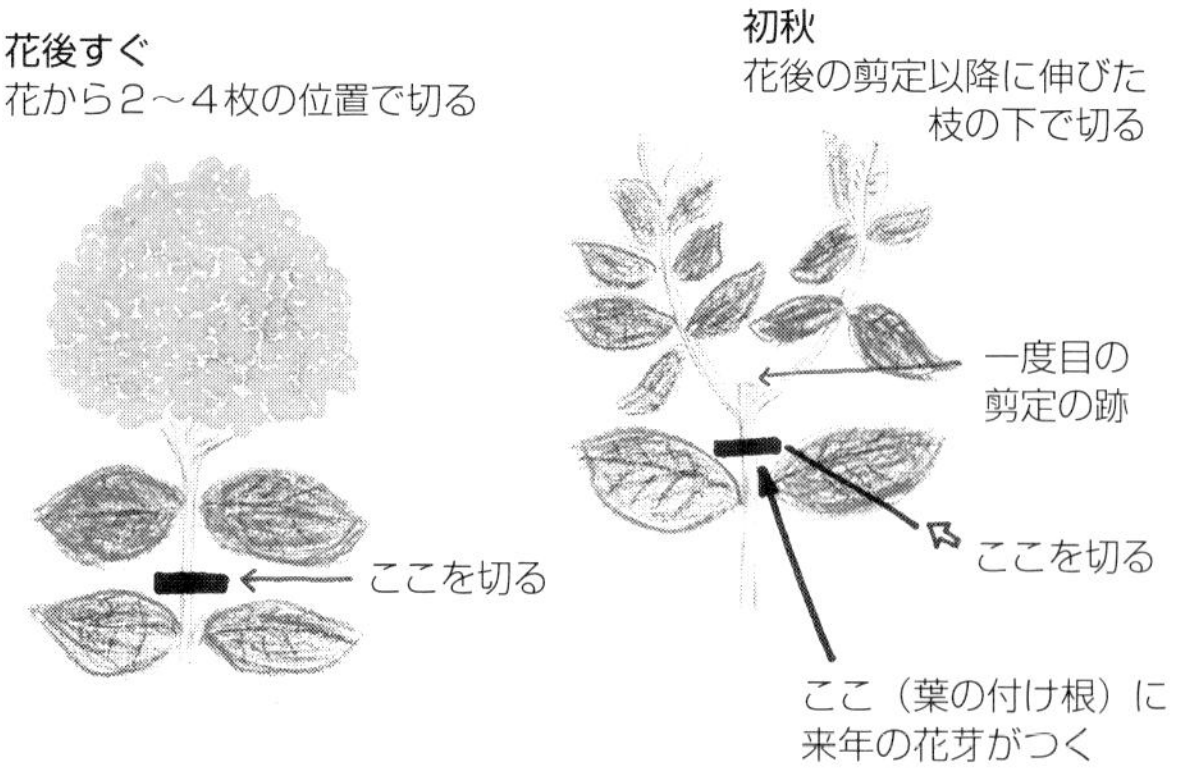
花後すぐ
花から2～4枚の位置で切る
ここを切る
初秋
花後の剪定以降に伸びた枝の下で切る
一度目の剪定の跡
ここを切る
ここ（葉の付け根）に来年の花芽がつく

枝を、花が咲かなかった枝との分岐点で切り落とします。単純にいえば「花の咲いた枝は切って、今年花の咲かなかった枝を残す」ことです。

放っておいても咲くことは咲きますが、放置しておくと年々大きくなってスペースをとり、花の咲く位置も高くなります。

ユリ、カサブランカ

来年もばっちり咲かせる開花後の手の打ち方

コツ 開花直後に切って、切り花で楽しみ球根を充実させる

カサブランカ

●開花したら茎と一緒に 切り落とす

「毎年、値段の高かユリの球根ば買うて植えるばってん、次の年はあんまり美しく咲かん。なしてやろか?」。よく常連さんから受ける質問です。

「花が咲き終わった後のユリの茎葉は、どげんしよるですか」

「そんままですたい。なーんもしとらんですよ」

問題はここ。大事なのは、たくさん花が咲いた後の管理にあります。見事に咲いた花をゆっくり眺めていたいところですが、花が咲いている茎をざっくり切り落とす必要があるのです。

切り花は、玄関やリビングに飾って楽しみましょう。

●切るのは背丈の半分で

摘み取る際は、なるべく茎や葉が残るよう、背丈の半分の高さで切りつめます。そして、「お疲れさま」の思いを込めて。即効性の肥料を手のひら半分を目安に。月に一回やります。次の花芽になる部分が球根内で育ちます。

秋になり葉が枯れてきたら、地際から茎を切り取ります。十分な間隔をあけて植えている場合は、二~三年は植えっぱなしでもよいでしょう。

掘り上げる場合は、茎を切り取った後に作業します。ただし、ユリの球根にはタマネギのように乾燥を防ぐための表皮がないため、掘り下げた後はすぐに新しい土に植え付けます。

●植え付けは球根の大きさの三個分下

植える場所は排水と日当たりがよいところ。ただし、カサブランカのような掛け合わせたハイブリッド系改良品種は午前中に光が当たる場所が最適で、西日が強く当たる場所は避けます。

球根を植える深さも重要で、より深く植えます。理由はユリの根っこには、球根の下から出る下根と、球根の上に伸びた地下茎から

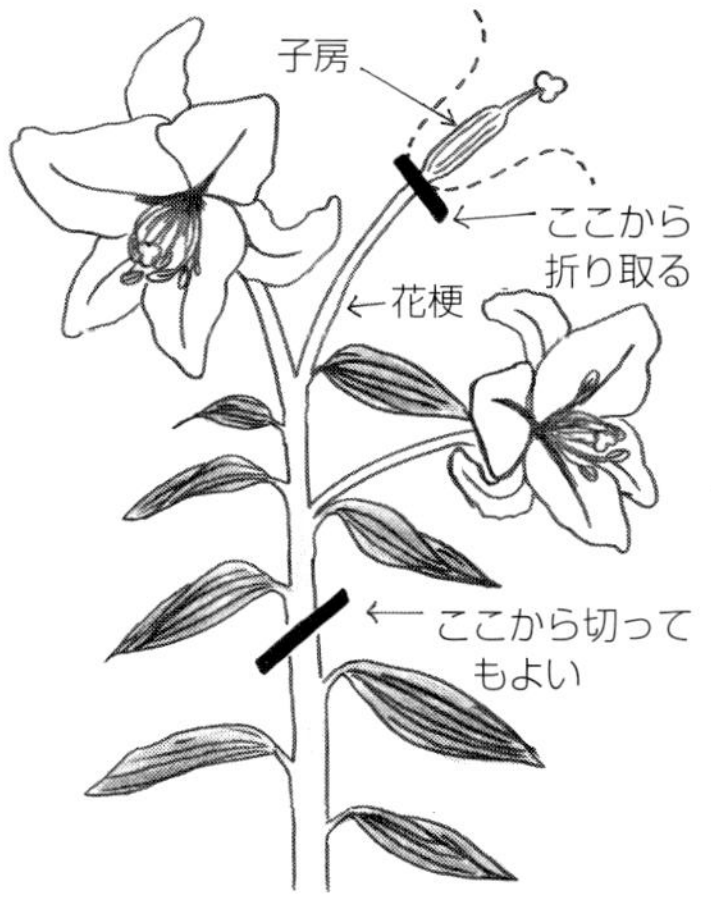

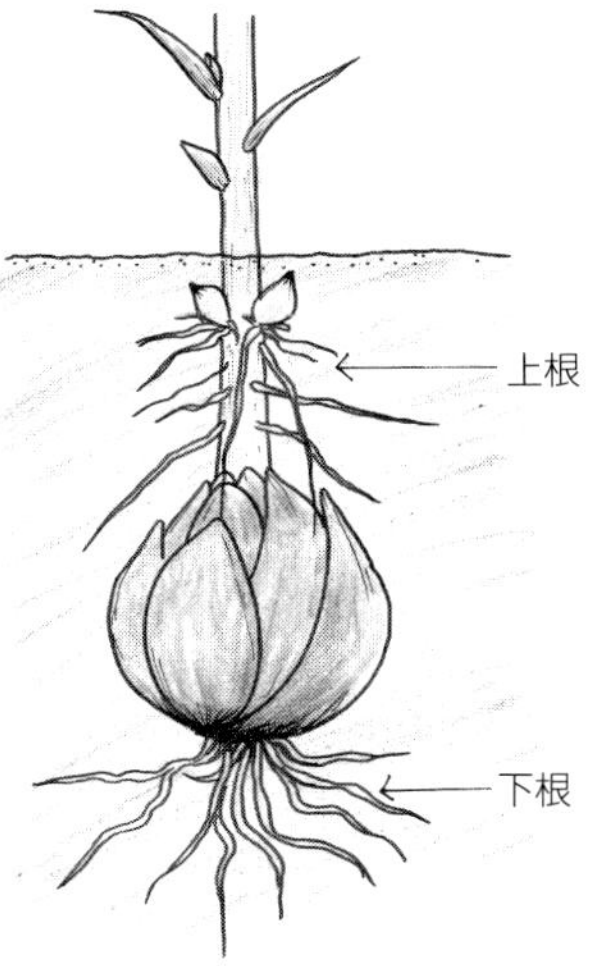

出る上根があり、それぞれに役割が異なるから。

下根は主にしっかりと体を支えるためのもの。上根は水分や養分を吸収する役割を担います。球根を浅く植えてしまうと上根が出る部分が少なくなってしまうため、上根の量が減り、きちんと水分や養分を吸収できなくなり、きれいな花が咲きません。

植え込む深さは、土の表面から用意した球根の大きさの三個分下。プランターなどに植える場合は、深さが十分ある容器を選んでください。

土に混ぜる肥料は下根の下に入れるのではなく、上根近辺に入れること。ただし、油かすや鶏ふんなどの有機肥料を入れすぎると、球根が傷むのでご用心。

シンビジウム

翌年もたくさん開花させる株分け作業

コツ 四月下旬にとにかく植え替えすること

シンビジウム

お祝いにいただいたシンビジウムの鉢植え、年末から正月にかけて咲き誇ったのに、次の年は短い花茎にチラチラ開花、そして三年目には株元からたくさん芽が出て、「葉ばっかり茂って、花が全然咲いてくれん……」なんて話をよく聞きます。

お客さんが持ち込んできたシンビジウム ⇩

鉢から株を抜くと、根が回りきっている。植え替えすることに

●五月に植え替え・株分け

コチョウランのように樹木に張りついて生育する「着生ラン」と違い、シンビジウムは地で育つ「地生ラン」。育てやすいランですが、長く花を楽しむには、咲き終えた後、植え替えるか株分けします。

植え替え時期は四月下旬～五月いっぱい。遅くなると、株元から発生する大切な新芽を折るからです。

●まずは鉢内の株と根を観察

株をよく見ると、葉もついてない親株（バルブ）と葉がたくさんついているリードバルブがあります。親とリードバルブを合わせて三ないし五株で管理すると、親株に貯蔵された栄養で花が咲きやすくなりますが、株がそれほどついていない場合は、株分けせず、植え替えします。

むげに根を切らないほうがよいので、植え替える際には水を入れた大きいバケツを用意。株を抜き取り、根をゴシゴシ洗うと、弱った根が自然に抜け落ち、健全な根だけ残ります。

その際、根の長さが葉の長さと同じくらいなら理想的な生育といえます。根の整理を終えたら、鉢に洋ランの土を入れ、株がぐらぐらしなくなるまで、しっかり、洋ラン専用の土を入れ込みます。

●植え替え後の管理

植え替え後は、一週間程度、風が当たらない半日陰の場所で水のみ与えます。その後、日当たりのいい場所に移動します。

植え替えから二週間後、固形の洋ラン肥料を鉢の号数から一引いた数（七号鉢なら六個）を株元の周囲に設置。それから一カ月ごとに計二回、必ず古い肥料を取り除き、新しい肥料と交換しますが、この間、朝夕たっぷり水を与えます。

六月中旬ごろ、株元から新芽が三～五個発生したら、元気のいい新芽だけに養分を集中させるため一つだけを残し、あとは指で芽かきします。七月には置き肥を取り除き、水だけを朝夕たっぷり。肥料があると、大切な花芽ができず、葉ばかり茂る葉芽になるので、肥料を切るのが大事です。

七月上旬、新芽の葉の枚数が七～八枚以上になっていれば、翌春、花が咲く準備ができています。

順調なら十月ごろ、新芽の最も外側の葉の付け根から出る先のとがった新芽が花芽。十一月中旬の霜に一晩当てて室内に取り込むと、長く花を楽しめます。

開化後は、比較的暖かく、日当たりのよい場所か、明るい室内で管理。鉢で咲かせると花は長持ちしますが、咲き終わる前に切り取って花瓶に飾ると、株の負担が軽くなり、次の年の花につながります。

植え替え作業

●コラム　ひと手間かけて格好よく！

「葉が出る」「花が咲く」向きがあるチューリップは、植える際、球根の向きをすべてそろえるのがコツ。大勢で花壇にたくさんの球根を植えるときも、みんなで気持ちを一つにして植えると見違えるくらいに立派に育ってくれます。

もし、適当でいいやと雑に植えてしまうと、成長してくるにつれて葉が重なり合い、十分な日光が得られなくなり、せっかく植えた球根なのに、一人前に成長しないものが出てきます。そうなるときれいに花は咲かず、見た目がよくありません。

ひと手間かけて植えてみましょう。そろえて植えると葉は同じ方向に整列して育ちます。だから均等に日光が当たり、美しい花を咲かすことができます。

春から初夏の庭を華やかに彩る秋植え球根。植えどきは九～十一月です。

ひと手間かけて格好よく！

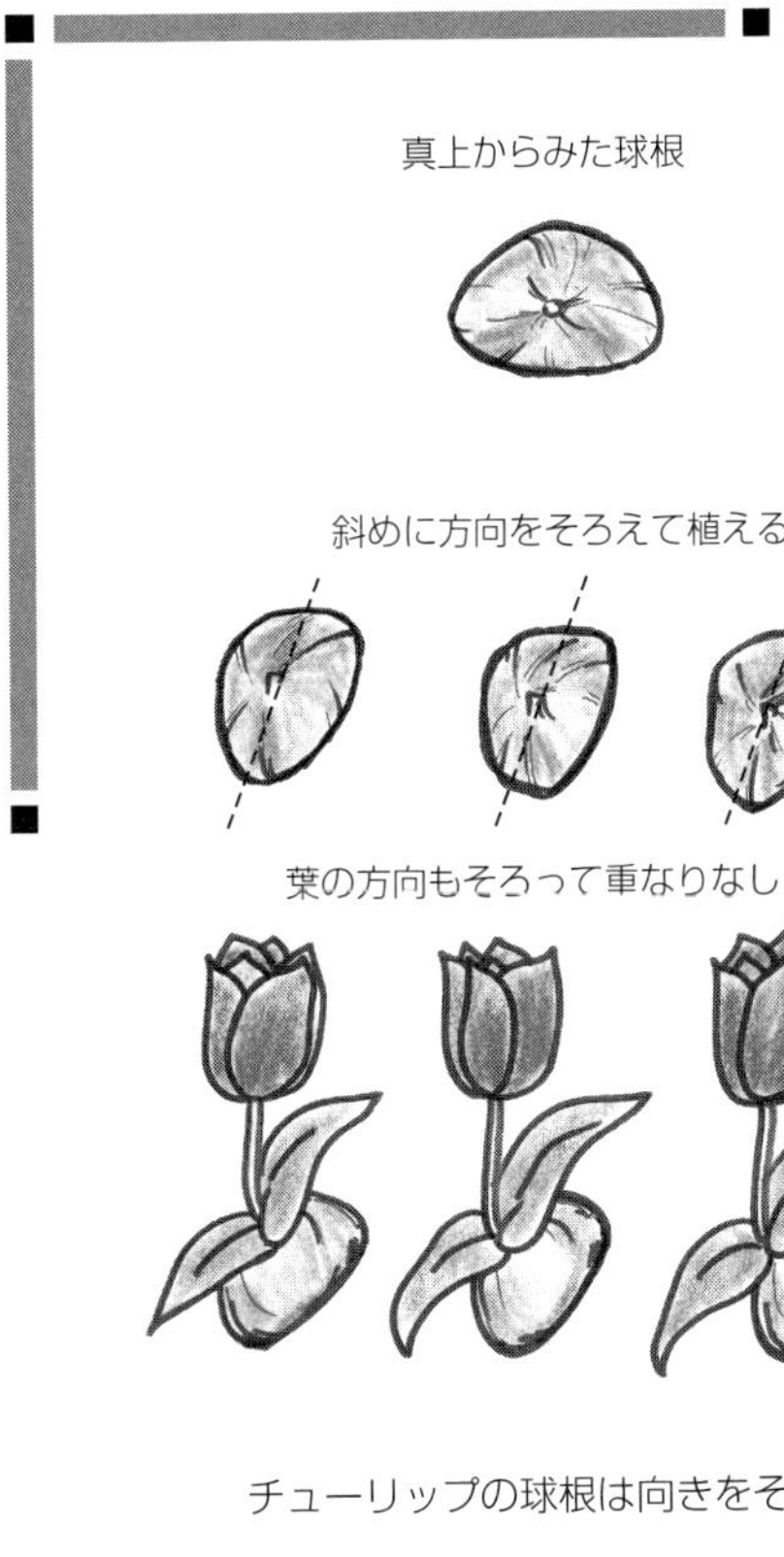
真上からみた球根
斜めに方向をそろえて植える
葉の方向もそろって重なりなし

チューリップの球根は向きをそろえて

二十四節気

二十四節気は、太陰暦を使用していた時代に、季節を現わすために、一年を二十四に等分してつけられた名前です。私は、言葉として美しく、またその季節の特徴を見事に切り取った表現が好きで、この本の中でもたくさん使っています。そこで、二十四節気の言葉と意味を紹介しておきましょう。

小寒（しょうかん）一月六日頃
この日は寒の入り、これから節分までの期間が「寒」です。寒さはこれからが本番。池や川の氷も厚みをます日頃です。

大寒（だいかん）一月二十一日頃
一年で一番寒さの厳しい日頃。逆の見方をすれば、これからは暖かくなるということで、春はもう目前です。
糸島では春ニンジン、ゴボウのタネまき開始です。

立春（りっしゅん）二月四日頃
この日から「立夏」の前日までが春。立春を過ぎてから初めて吹く強い南風を、「春一番」といいます。まだ寒さの厳しい時期ですが、日長は徐々に長くなって、九州や太平洋側の暖かい地方では、ウメが咲き始める日頃です。田んぼの寒鍬がこの時期。

雨水（うすい）二月十九日頃
空から降るものが雪から雨へと変わり、降り積もった雪も溶けだす頃という意味だそうです。実際にはまだ雪深いところも多く、ドカ雪もありますが、ちろちろと流れ出す雪溶け水に、昔の人は、春の足音を感じとったのでしょう。春一番が吹き、JA糸島アグリのある福岡県糸島では、春ジャガイモの植え付け適期にあたります。

啓蟄（けいちつ）三月六日頃
啓蟄は冬眠をしていた虫が穴から出てくる日頃という意味で、「春近し」をイメージさせる言葉としてよく使われます。でも、実際に虫が動き始めるのはもう少し先。田んぼの春鍬がこの時期。

春分（しゅんぶん）三月二十一日頃
昼夜の長さがほぼ同じになる日で、この日を境に昼の時間が長くなっていきます。この日をはさむ前後三日間が「春彼岸」です。花冷えや寒の戻りがあるので、暖かいといっても油断は禁物。春分の日は国民の祝日。

清明（せいめい）四月五日頃
「清明」は「清浄明潔」の略で、万物が穢れなく清らかで、生き生きしているという意味だそうです。空は青く澄み、爽やかな風が吹き、菜園愛好家にとっては体がうずうずしてくる季節。
福岡県糸島では、サトイモやショウガの植え付け開始。

穀雨（こくう）四月二十日頃
田んぼや畑の準備もすんで、ちょうど雨が降る頃。変わりやすい春の天気も安定し、日差しも強まってきます。比較的低温に強いトマトやウリ科野菜の定植適期。

立夏（りっか）五月六日頃
この日から「立秋」（八月八日）の前日までが、いわゆる「夏」。
春夏野菜でもナスやピーマン、オクラなどの高温性の野菜は、「立夏」に定植するのがお薦め。

小満（しょうまん）五月二十一日頃
陽気がよくなり、草木などの生物がしだいに成長して生い茂り、走り梅雨の頃でもあり、ムギ後にイネを栽培する農家では田植えの準備を始めます。「小満」には、秋にまいたムギの穂がつくころで安心する（少し満足する）という意味もあるそうです。サツマイモ苗の植え込み開始です。

芒種（ぼうしゅ）六月六日頃
「芒」とは、イネ科植物の穂先にある毛のような部分のことで、ノゲとも呼びます。つまり、「芒種」とはイネなどの穀物のタネをまく時期という意味です。イネ苗を手で植えていた頃の田植え時期のこと。梅雨入りも間近で、少し蒸し暑くなってくる日頃です。

夏至（げし）六月二十一日頃
北半球では、太陽が最も高く昇り、一年のうち最も昼が長い日です。ただ、日本ではちょうど梅雨のシーズンにあたり、あまり日の長さを実感できないかもしれません。夏至を過ぎると、本格的な夏がやってきます。ダイズのタネまきがこの時期です。

小暑（しょうしょ）七月七日頃
梅雨明けはいつ頃になるかなと、本格的な暑さを前に気になる時期。集中豪雨のシーズンでもあります。

大暑（たいしょ）七月二十三日頃
「大暑」とは、一年で最も暑い頃という意味。近年は、地球温暖化の影響でしょうか異常高温が頻発し、野菜にとっても大変です。夏の土用もこの時期です。
糸島では秋冬ニンジンのタネまき開始。

立秋（りっしゅう）八月八日頃
「立秋」とはいうものの、実際には一年で一番暑い時期です。しかし暦上は、この日から立冬の前日までが秋とされています。「暑中見舞い」はこの前日まで。立秋を過ぎたら、「残暑見舞い」となります。太陽熱消毒最適期。

処暑（しょしょ）八月二十三日頃
「処暑」は、暑さがおさまるという意味だそうです。昔の人は、日中は暑いものの朝晩の涼しさに、初秋の息遣いを感じたのでしょう。近年は残暑も厳しく、秋の台風シーズンに入っていきます。キャベツ、ブロッコリーのタネまき時期です。

白露（はくろ）九月八日頃
「白露」には、秋が深まり、草花に朝露がつき始める頃という意味があります。野原にはススキの穂が顔を出し、本格的な秋の到来。秋冬野菜のタネまきや育苗が始まり、大忙しの時期になります。

秋分（しゅうぶん）九月二十三日頃
「秋分」とは、昼夜の長さがほぼ同じになる日で、この日を境に昼が短くなり、暑い日は減り、代わりにひんやりとした冷気を感ずる日が増えてきます。
　秋分の日は彼岸の中日で、前後三日間が「秋彼岸」。春分の日と同様に、この日は国民の祝日になっています。

寒露（かんろ）十月八日頃
「寒露」は、草木に冷たい露が降りる日頃という意味だそうです。秋の長雨が終わり、ぐっと秋が深まります。稲刈りが終わるころで、その他の農作物の収穫もたけなわとなります。キクの花が咲き始め、北のほうからは、紅葉の知らせが届き始めます。ソラマメやエンドウのタネまきです。

霜降（そうこう）十月二十三日頃
「霜降」とは、早朝に霜が降り始める日頃という意味です。北国や山間部では霜が降りて、朝には草木が白く化粧をする日頃。いわゆる「晩秋」を迎え、山を紅葉が飾ります。春ダイコンのタネまきです。

立冬（りっとう）十一月八日頃
「立冬」、いわゆる暦の上では、この日から「立春」の前日までが冬。日は短く、日差しも弱くなります。木枯らしが吹くのは、冬型の気圧配置になった証拠です。
ＪＡ糸島では、早生タマネギの定植適期。中生、中晩生系タマネギは「小雪《しょうせつ》」以降に植え込むと、保存性のよいタマネギになります。

小雪（しょうせつ）
十一月二十三日頃
「小雪」とは、冬とはいえまだ雪はさほど多くないという意味で、冬の入り口にあたります。日差しは弱まり、冷え込みが厳しくなる季節です。木々の葉が落ち、山には初雪が舞い始める。タマネギ苗の定植が本格化します。

大雪（たいせつ）十二月七日頃
九州ではあまり見られませんが、峰々は雪をかぶり、平地にも雪が降る日頃です。また、朝夕には池や川に氷、畑には霜柱が見られる時期です。本格的な冬の到来。

冬至（とうじ）十二月二十二日頃
「冬至」は一年で最も夜の長い日です。この日から、昼の時間が長くなり始めることから、昔の人たちはこの日を年の始点と考えたそうです。また冬至カボチャやユズ湯の習慣が残る日、福岡県糸島でも七月下旬にタネをまいて、冬至カボチャ作りに挑戦しています。

大地からいただくもの――あとがきにかえて

「コトーさん、トマトがよー採れたばい」、「あの黄色いバケツは、よー虫の入っとる」、家庭菜園を楽しむ方からも「すてなんな君で生ごみば堆肥にして使うとるばってん、おいしか野菜のよう採れましたばい、コトーさん」――。たくさんの方が元気な顔で、私が店長を務めるＪＡ糸島「アグリ」を訪ね、声をかけてくださいます。

平成九年にオープンした「アグリ」。その運営を命じられた私は、手探りではありましたが、他の大型店舗ではできない、ＪＡだからこそできるようなお店にならないかと模索してきました。

現在の利用客は年間二八万人。皆さんの日焼けした笑顔が、私のエネルギーでもあり、ＪＡマンとしての喜びでもあり、この糸島という大地本来の素晴らしさを感じる瞬間です。

糸島では、「アグリ」が誕生した一〇年後、糸島の食材を消費者に届けるＪＡ糸島産直市場「伊都菜彩《いとさいさい》」ができました。農産物だけでなく、漁協と手を結んで、目の前に広がる玄界灘のおいしくて新鮮な魚も並ぶ直売所。単なる販売所でなく、糸島を心から愛し、しっかりとこの地に根を下ろして生きてきた、農業者や漁業者の誇りを届ける場でもあるのです。今では、レジ通過者だけで年間百数十万人の方が足を運んでくださいます。

ＪＡ糸島産直市場「伊都菜彩」

食を通じて農と都市を結ぶのが「伊都菜彩」だとしたら、「アグリ」は都市に暮らす人たちを、生産を支える資材を通じて「土の世界」に呼び込むきっかけをつくる場。本書の中で紹介した、JA糸島のオリジナル商品は、そんな思いのなかから生まれたものばかりです。

一二年前から独自で開発販売を始めた段ボールコンポスト「すてなんな君」は、厄介者の生ごみを土を肥やす宝物に変えると同時に、生ごみの処理費用を減らそうと開発したもの。今では、年間八〇〇〇個を販売するヒット商品になりました。その裏には、市民とJAが地域ぐるみで取り組む循環と環境保全の思想があり、それが地元糸島市による購入半額補助助成や普及活動の応援につながりました。

冬になると、カキ小屋が人気の糸島。八年前までは、ここから出るカキ殻は、お金をかけて焼却処分されていましたが、これもまたミネラルたっぷりの有機石灰「シーライム」として生まれ変わり、年間五〇〇トンが糸島の大地に還元されています。

周囲を見渡せば、少子高齢化や急速な農業離れなど、私たちの未来には、困難な状況が広がっています。でも、JA糸島の初代組合長が残した言葉「農耕人　土耕すこと怠るべからず」の通り、「どげんかせなーいかん（なんとかしなければいけない）」という、郷土と大地を元気にする気持ちさえあれば、アイデアは湧いてくるもの。現場での観察から生まれたこの本が、読者の皆さんのヒントになれば、うれしい限りです。

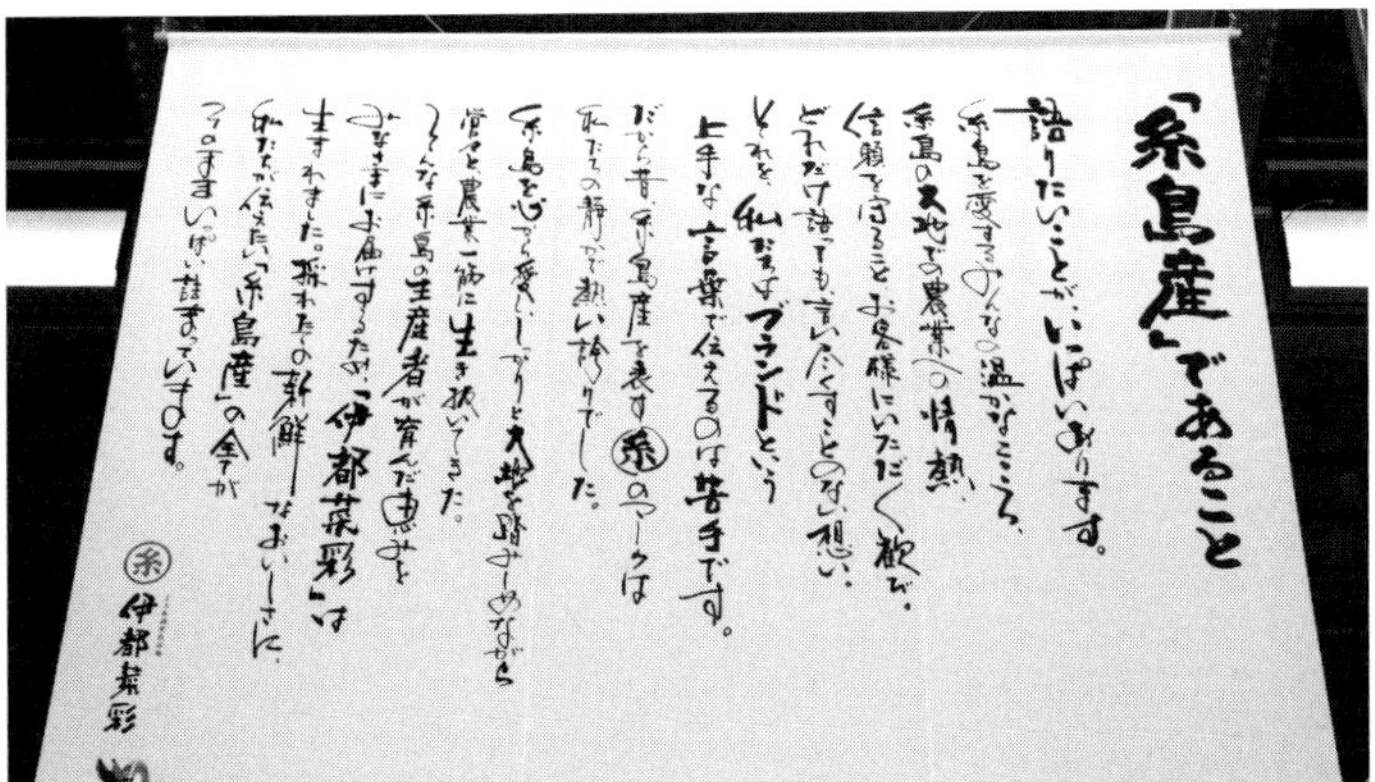

糸島産の誇りを伝える市場の垂れ幕

発刊にあたり、本書のもととなった新聞連載「ドクター・古藤のアグリ道場」を担当してくださった西日本新聞社の佐藤弘さん、JAの仲間、八〇歳を越えてまだ農業現役の両親、そして、原稿に目を通してくださった熊澤喜久雄先生（東京大学名誉教授）、本にしましょうと声をかけてくれた農文協編集部に、御礼を申し上げます。

豊かな大地と心に、未来の種をまきましょう。

古藤 俊二

著者略歴

古藤俊二（ことうしゅんじ）

1964年、福岡県前原市（現糸島市）の農家の長男として生まれる。中学時代、貝原益軒の『養生訓』を読み、日本人の体質や風土に適合した食と栄養を記した養生訓の重要性を知る。
1982年、福岡県立糸島高等学校卒業後、地元の糸島農業協同組合に就職。
1996年、JA糸島園芸グリーンセンター「Agri」開設と同時に開設責任者に抜擢され、副店長、店長として現在に至る。
「大地から心と体に栄養を」をキャッチフレーズに、「人も元気、新鮮都市"いとしま"」が目標。

福岡県糸島市南風台在住。妻、長男、長女の4人暮らし。座右の銘は「努力に勝る天才なし」。

現在、西日本新聞の月曜日夕刊に、毎週「ドクター古藤のアグリ道場」を連載中。また、KBCラジオ「居酒屋清子」準レギュラーとして、食と野菜の魅力を発信中。

ドクター古藤《コトー》の 家庭菜園診療所

2017年1月25日　第1刷発行
2020年4月30日　第7刷発行

著者　古藤 俊二

発行所　一般社団法人　農山漁村文化協会
郵便番号　107-8668　東京都港区赤坂7-6-1
電話　03（3585）1142（営業）　03（3585）1147（編集）
FAX　03（3585）3668　振替 00120-3-144478
URL http://www/ruralnet. or. jp/

ISBN978-4-540-16168-1　製作／條 克己
〈検印廃止〉　印刷・製本／凸版印刷（株）